5가지 친밀한 관계

ⓒ 2011 by Les and Leslie Parrott
Originally published in English as Real Relationships by Zondervan, Nashville, TN, USA.
Previously published as Relationships
Copyright ⓒ 1998 by Les and Leslie Parrott
All rights reserved.
This Korean translation edition ⓒ 2015 by Jireh Publishing Company, Goyang-si, Republic of Korea
Published by arrangement with The Zondervan Corporation L.L.C., a division of HarperCollins Christian Publishing, Inc. through rMaeng2, Seoul, Republic of Korea.

이 한국어판의 저작권은 알맹2 에이전시를 통하여 Zondervan과 독점 계약한 이레서원에 있습니다.
신 저작권법에 의하여 한국 내에서 보호받는 저작물이므로 무단 전재와 무단 복제를 금합니다.

개정판

하나님이 주신
소중한 선물

5가지
친밀한
관 계

레스&레슬리 패럿 지음
서원희 옮김

Real Relationships

이레서원

하나님이 주신 소중한 선물
5가지 친밀한 관계

레스 & 레슬리 패럿 지음
서원희 옮김

초판 1쇄 발행	2004년 7월 2일
개정판 1쇄 발행	2015년 12월 10일
발행처	도서출판 이레서원
발행인	문영이
출판신고	2005년 9월 13일 제2015-000099호
편집장	최창숙
편집	이혜성, 송혜숙
영업	박생화
총무	서상희

경기도 고양시 일산동구 중앙로 1160 오원플라자 703호
전화 02)402-3238, 406-3273 팩스 02)401-3387
E-mail: Jireh@changjisa.com
Website: Jireh.kr Facebook: facebook.com/jirehpub

값은 표지에 있습니다.

ISBN 978-89-7435-469-5 03230

신저작권법에 의하여 한국 내에서 보호받는 저작물이므로 저작권자의 서면 허락 없이 이 책의 어떠한 부분이라도 전자적인 혹은 기계적인 형태나 방법을 포함하여 그 어떤 형태로든 무단전재와 무단복제하는 것을 금합니다.

이 도서의 국립중앙도서관 출판예정도서목록(CIP)은 서지정보유통지원시스템 홈페이지(http://seoji.nl.go.kr)와 국가자료공동목록시스템(http://www.nl.go.kr/kolisnet)에서 이용하실 수 있습니다. (CIP제어번호 : CIP2015032348)

인간은 결코 섬이 아니다

패럿 박사 부부는 내가 지금까지 만나 본 저자들 가운데 가장 재능 있고 감동적인 저자들이다. 인간관계의 핵심적인 문제를 읽어 낼 줄 알 뿐만 아니라 매우 실용적이며 이미 검증된 조언을 제시한다. 이 책을 흥미진진하게 읽어 내려가는 동안 독자들은 그동안 상상조차 못 했던 훌륭한 인간관계를 구축하는 데 필요한 격려와 방법, 영감을 한꺼번에 받게 될 것이다. 앞으로 인간관계에 대한 필독 고전서로 자리매김할 것이 분명하다.

– 앨런 로이 맥기니스(Alan Loy McGinnis), 『너무 많은 관계 너무 적은 친구』 *The Friendship Factor*(책찌)의 저자

레스와 레슬리 패럿 부부는 모든 사실적 근거와 통계치, 오랜 경험, 학문적 배경과 학위를 소지하고 있다. 하지만 그 무엇보다도 이들은 지혜와 열정을 지닌 사람들이다. 이 책이야말로 그들의 노련한 상담 능력과 친절하고 부드러운 지식수준을 보여 준다.

– 마이클 카드(Michael Card), 『깨어지기 쉬운 반석』 *A fragile stone*(IVP)의 저자, 가수 겸 작사자

패럿 박사 부부는 이 책에서 크리스천들이 감히 토의하기 꺼리는-그러나 반드시 토의해야 할 문제들을 노련하게 다루고 있다. 청년 사역을 하는 사람이라면 반드시 읽어야 할 필독서이다.

– 토니 캠폴로 박사(Dr. Tony Campolo), 이스턴 칼리지 사회학 교수

레스와 레슬리는 결혼생활에 대해 명확하고, 정확하며, 창조적이고, 참으로 요긴한 안내 지도를 제시한다. 이 책은 참으로 경이로운 책이다.

– 클리포드 & 조이스 페너 박사(Dr. Clifford and Joyce Penner)

추천의 글

친밀한 관계가 행복을 약속한다

21세기를 행복의 세기라고 한다. 모든 사람이 행복을 추구한다. 우리는 주변에서 행복한 교회, 행복한 가정, 행복한 사회라는 표현을 쉽게 접할 수 있다.

지난 20년 동안에 새롭게 발달하고 있는 학문 중 '사랑학과 행복학'science of happiness이 있다. 행복학의 선구자 가운데 하나인 댄 베이커 박사Dr. Dan Baker는 "행복의 추구가 21세기의 심리학을 특징짓게 될 것"이라고 예견한다. 문제는 어떤 사람이 행복하며, 무엇이 있으면 행복한가 하는 것이다.

행복이란 무엇인가? 행복은 생활 전반에 대하여 느끼는 주관적 자기만족이라고 정의할 수 있다. 행복은 낙천주의와 용기, 사랑, 성취감과 같은 특질로 이루어져 있는 삶의 방식이다.

우리의 삶은 신체와 건강, 일과 업무 수행, 가족과 대인관계, 삶의 의미와 종교/신앙의 4가지 영역으로 이루어져 있다. 하나하나가 균형 있는 삶을 위해 중요하다. 그런데 무엇이 사람을 행복하게 하는가? 이 책의 저자를 포함해 행복학의 모든 권위자는 여러 해 동안의 사회과학적 연구 결과에 근거하여 가장 중요한 행복의 조건은 '만족스러운 대인관계, 그것도 아주 친밀한 대인관계'라고 주장한다.

인생에서 가장 중요한 경험은 관계하는 경험과 성취하는 경험이라고 한다. 스스로 행복하다고 말하는 이들은 서로 '관계하는 경험'connecting experience에서 성공하는 사람들이다.

당신이 손에 잡고 있는 이 책은 바로 사람의 행복과 불행을 좌우하는 '관계의 문제'를 집중적으로 다룬다. '나와 나 자신과의 관계', '친구와의 관계', '이성과의 관계', '가족과의 관계', 그리고 '하나님과의 관계'를 종합적으로 다루고 있다. "나쁜 관계를 호전시키고 좋은 관계를 환상적으로 만들어 주기 위한 개방적이고 솔직한 안내서"라는 원서의 부제가 호소력 있게 다가온다.

레스와 레슬리 패럿 부부는 현재 시애틀 퍼시픽 대학교의 부부 교수로서 '관계개발센터'의 공동대표로 부부관계를 포함해 좋은 관계의 원리를 보급하는 일에 주력하고 있다. 나는 1997년 안식년을 맞아 시애틀에서 이 부부를 만나 볼 기회가 있었다. 나는 이들이 개발한 『결혼: 남편과 아내 이렇게 사랑하라』Saving your marriage before it starts(요단출판사)를 읽고 감동하여 그 책을 번역하기로 하고 이들을 찾아갔다. 패럿 부부는 현재

미국에서 가장 주목받는 저자이자 유명 강사로, 이들이 쓰는 책은 모두 베스트셀러 목록에 오르고 있다. 이들이 개발한 이혼예방프로그램에 감동한 오클라호마 주지사는 이들을 결혼 특사로 임명하여 그 주의 이혼율을 감소시키는 업무를 위탁했다.

이들의 책이 설득력과 호소력이 있는 것은 모든 이의 관심사인 친밀한 관계와 관련된 문제를 신학과 심리학과 가족치료학의 관점에서 통합적으로 다룰 뿐 아니라, 읽기 쉬운 문체로 생동감 있고 재미있게 진술하기 때문이다. 예리한 통찰과 실화에 근거한 이야기, 그리고 생각을 자극하는 질문들은 당신을 감동으로 이끌기에 충분하다. 마음을 열고 읽는다면, 당신은 지금보다 더 좋은 관계를 누리게 될 것이며, 더욱 행복한 사람이 될 것이다.

부부관계를 비롯해 관계를 증진하는 일에 헌신하는 동료 기독교 상담학자이며 가정사역자로서 나는 자신 있게 이 책을 추천한다. 실제적인 도움이 되었다면, 다른 친구와 동료에게 소개하거나 선물하는 일을 잊지 말라고 부탁하고 싶다.

정동섭
전 침신대 기독교상담학과장 | 현 가족관계연구소장
한국기독교상담·심리치료학회 감독회원

차례

추천의 글 친밀한 관계가 행복을 약속한다 ·············· 7
서문 인간은 결코 섬이 아니기에 ·················· 12

친밀한 관계 1 : 나
1장 참을 수 없는 존재의 외로움 ················ 27

친밀한 관계 2 : 가족
2장 가정, 그 길고 끈질긴 그림자 ················ 65
3장 남성과 여성, 그 벽을 넘어서 ················ 93

친밀한 관계 3 : 친구
4장 목숨도 아깝지 않은 친구 ·················· 113
5장 금이 가 버린 우정, 그 이후 ················· 139

친밀한 관계 4: 연인

6장 제정신 차리고 사랑에 빠지기 ········· 169

7장 섹스, 거짓말, 그리고 대탈출 ········· 195

8장 자신을 망가뜨리지 않고 이별하기 ········· 227

친밀한 관계 5: 하나님

9장 하나님, 그분과의 진정한 만남 ········· 259

주 ········· 287

서문

인간은 결코 섬이 아니기에

고맙다는 말조차 어색하리만큼
스스럼없이 지내는 이들로부터 받는 위안은
이 세상 그 무엇과도 바꿀 수 없다.

– 아이리스 머독(Iris Murdoch)

"무엇이 사람을 행복하게 만드는가?"라는 해묵은 수수께끼를 벗기기 위해 최근 한 지류의 신세대 연구가들이 도전장을 내밀었다. 그들의 연구 결과가 궁금한가? 만약 당신이 성공, 재산, 멋있는 외모, 배짱 등 사람들이 못 갖춰 안달할 만한 목록들을 머릿속에 꼽고 있다면, 당신의 예상은 보기 좋게 빗나갔다고 할 수 있다. 연구 결과에서 일관되게 발견되었던 가장 빈번한 답은 만족스러운 대인관계, 그것도 아주 친밀한 대인관계였다![1]

대인관계만큼이나 인간 성품에 심오한 영향을 끼치는 것도 없다. 왜냐하면 우리 내면의 깊숙한 요구 중에는 반드시 남들과의 인간관계를 통해서만 채워질 수 있는 그 무엇이 존재하기 때문이다. 따라서 싫든 좋든 모든 인간은 남들과 끊으려야 끊을 수가 없는 상호 의존관계에 있다고 감히 말할 수 있겠다. 이를 두고 철학자 존 돈John Donne은 "인간은 결코 섬이 아니다"라고 한마디로 요약했다. 우리는 모두 동료애, 애정, 사랑 등을 절대적으로 필요로 한다. 이것들은 단지 우리 삶에서 있으면 좋고 없어도 그만인 선택 항목, 내지는 정서 안정을 위한 도구가 아니라 생존과 바로 직결된 문제인 것이다.

언젠가 우리 부부는 시카고의 한 라디오 방송국에서 '대인관계'라는 주제로 미국 전역의 청취자에게서 걸려 오는 전화를 받으며 프로그램을 진행한 적이 있다. 방송 장비들 때문에 발 디딜 틈조차 없는 유리 부스 안에서 우리 두 사람은 사회자와 함께 방송을 진행하고 있었고, 부스 밖에서는 한 명의 교환원이 6대의 전화를 붙들고 쉴 새 없는 전화 세례에 진땀을 흘리고 있었다. 밤 8시에서 10시 사이에 이 프로그램이 진행되는 동안, 미국 도처에서 전화를 걸어 온 생소한 목소리의 주인공들이 가족관계, 친구관계, 성관계, 연애관계 등 온갖 대인관계에 대한 질문을 퍼붓고 의견을 제시하느라 그 뜨거운 열기에 6대의 전화통은 금세라도 불이 날 것만 같았다.

이 프로그램은 청취자와의 담소 형식보다는 대규모 난상 토론의 양상을 띠었고, 중간에 사회자가 전문가적 조언을 구하면 우리가 '한 말씀' 하는 식으로 진행되었다. 일단 이야기가 시작되자, 대부분의 사람은 앞서 말한 사람의 말꼬리를 물고 늘어지거나, 거기에 한바탕 자기주장을 퍼붓곤 했다. "조금 전에 어머니 등쌀에 못 살겠다고 말한 젊은이는 반드시 제 생활을 찾아야 한다고 생각합니다"라고 누군가 틀에 박힌 발언을 하면, 곧 뒤이어 "맞아요. 엄마 잔소리가 싫으면 집을 나가야지요"라고 배턴을 이어받는 것이었다. 이런 식의 라디오 쇼를 처음 진행하는 우리로서는 오로지 사람들이 자기 목소리가 공중파 타는 것을 즐기기 위해 전화를 걸어 오는 것처럼 느껴졌다. 적어도 톰이라는 한 대학생이 깊게 가라앉은 목소리로 전화를 걸어 오기 전까지는….

"전화 연결되었습니다. 톰, 말씀하시죠." 사회자가 말했다.

"네, 저어, 한 번도 라디오 방송국에 전화를 건 적이 없어서요. 그러니까 그게…."

톰은 목을 가다듬은 후 다시 천천히 말을 이어갔다.

"저는, 그러니까…."

"질문이나 의견 같은 것 없으십니까?"

시간을 의식한 사회자가 재촉했다.

"뭐, 질문 같은 게 있는 것은 아니고요. 방송을 듣다 보니까, 기분이 좀….”

사회자는 우리에게 눈짓을 하고는 부스 밖의 전화 교환원에게 다음 청취자로 전화 연결을 넘기라는 수신호를 보냈다.

"이곳에 전화하신 데는 이유가 있을 텐데요"라고 내(레슬리)가 질문했다.

"기분이 어떠세요?"

"그저, 그동안 너무 오랫동안 아무하고도 말을 안 했던 것 같습니다."

"아무와도 말을 안 하셨어요?" 사회자는 습관적으로 일축해 버렸다.

"물론 말은 했지만 뭔가 의미 있는 대화라고는 해 본 지가 퍽 오래되었습니다."

사회자는 야릇하다는 표정으로 고개를 끄덕이며 우리 쪽을 향해 신호를 보냈다.

"한마디로 지금 기분이 어떠십니까, 톰?" 내가 물었다.

마치 만년의 시간이 지난 것처럼 오랜 침묵을 깨고 톰은 담백하게 한마디를 내뱉었다.

"외롭습니다."

이 "외롭다"는 한마디와 이 목소리에 담긴 솔직함과 심약함이 순식간에 라디오 쇼의 색채를 뒤바꿔 버렸다. 그동안 자기주장을 굽히지 않던 깐깐한 청취자들은 순식간에 증발해 버리고, 걸려 오는 전화마다 외롭다는 호소가 꼬리에 꼬리를 이었다. 토요일 밤 그 넓은 미국 땅에는 왜 그리 외로운 사람들이 많은지, 다만 몇 분간이었지만, 얼굴을 알 수 없는 수많은 사람이 서로서로 외로움을 호소하며 동병상련을 나누었다. 심지어 냉소적이던 사회자까지도 약간의 부드러움을 머금고 말했다. "사실 우리는 모두 사람들이 곁에 있는데도 외로움에 떨고 있지 않습니까?"

물론 그렇다. SNS를 통해 수많은 친구를 만들고 교제할 수 있지만 서로 얼굴을 보고 만나는 일은 드물고, 은행원과 말 한마디 나누지 않고도 자동 현금 인출기에서 돈을 척척 뽑을 수 있고, 남들과 눈 한 번 마주치지 않고 거리를 묵묵히 걸어 다니며, 전화 안내 방송을 통해 컴퓨터 음성 정보를 신속히 접하는 이런 문화 속에서 살다 보면 그야말로 군중 속의 고독을 뼈저리게 실감한다. 미국 통계청 자료에 의하면, 지난달 자신이 외로웠다고 생각하는 미국인은 응답자의 사분의 일에 달했다.[2] 그렇지 않다고 대답한 응답자의 삼분의 이조차도 친밀한 대인관계가 늘 마음의 과제라고 답했다.[3]

한 가지 놀라운 일은, 지적이고, 매력적이고, 싱그러움으로 가득한 대학생 집단에서 오히려 대인관계에 대한 허기가 가장 많이 경험된다는 사실이다. 상담을 요청하는 대학생 중 대인관계 문제로 찾아오는 학생 수가 가장 많다.[4] 이와 같은 현상을 두고 어떤 전문가는 대학생들이 대부분 너무 이상적인 데다, 잠재적인 친구나 연인에 대해 지나치게 기대 수준이 높다는 점을 원인으로 제시한다. 또 어떤 이들은 대학생들이 자기 자신의 불안감이나 남에게 거부당할지도 모른다는 두려움으로 오히려 잠재적인 친구나 연인에게 먼저 거부 표시를 할 수도 있다고 설명한다. 게다가 온라인을 통한 교제가 늘어나면서, 이러한 변화가 깊이 있는 진정한 교제를 오히려 줄어들게 한다고도 한다. 그러나 어떤 이유가 되었든, 어떤 세대가 되었든, 모든 사람은 어딘가에 속하고 싶은 강한 열망을 간직하고 있다는 점에 대해서는 모두 이구동성 한결같은 의견이다.

남들이 나를 원하고, 받아들이고, 함께 기뻐하고 사랑하게 되기를 소원하지 않는 사람은 하나도 없다. 심리학자들은 이 욕구를 '친밀함의 욕구'affiliative drive라고 부른다. 우리가 절대 착각해서는 안 되는 사실은 이 세상 그 누구도 어딘가에 속하지 않아도 괜찮을 만큼 위대하고, 강하고, 재능이 많고, 억센 사람은 없다는 점이다. 어딘가에 속한다는 귀속감은 단지 자신이 어딘가에 받아들여지고 있다는 따뜻한 감정 차원이 아니라 말 그대로 생사의 문제이다.

생사의 문제?

제2차 세계대전 동안에 일어났던 일이다. '마라스무스' marasmus라는 아주 희한하고 치명적인 병이 보육원 아이들 사이에서 발견되었다. 이 고아들은 알록달록한 온갖 장난감과 밝은 색상의 가구들, 좋은 음식들이 제공되는 양호한 시설에서 자라고 있었다. 이렇게 기분 좋은 주변 환경에도 불구하고 아이들은 매우 빠른 속도로 건강을 잃어 갔다. 그러더니 새 장난감을 줘도 더는 가지고 놀지 않았고, 점점 식욕도 잃었다. 그들의 조그만 몸은 갈수록 허약하고 둔해졌으며, 기운을 못 차리고 끝내 죽는 아이들까지 생겼다.

이런 소식이 퍼지자, 유엔UN 소속 의사들이 고아들의 병세를 진단하고 처방하기 위해 신속히 파견되었다. 진단은 오래 걸리지도 않았다. 처방도 간단했고 며칠 만에 아이들은 완치되었다. 그 처방이라는 것이 매시간 10분씩 아이들을 들어 안아 주고, 입 맞춰 주고, 같이 놀아 주고, 말을 걸어 주라는 것이었다. 이 간단한 처방전의 효과는 분명했다. 며칠 지나지도 않아 아이들은 다시 생기를 띠고, 입맛도 찾았으며, 장난감을 가지고 신나게 놀기 시작했다. '마라스무스'가 완치된 것이다.[5]

대인관계가 우리의 생존에 직결되는 문제임을 보여 주는

사례는 이것만이 아니다. 1700년대 중반, 프러시아의 황제 프레데릭 2세는 사상 초유의 끔찍한 실험을 명령했다. 그는 갓 태어난 신생아들에게 물과 음식만을 주고 전혀 돌보지 않더라도 혼자 성장해 라틴어를 구사하게 될 것이라는 자기 가설을 증명해 보이고 싶어 했다. 그 결과는 더 말할 필요도 없이 아기들의 죽음으로 나타났다.

유아기 때 '대인관계'나 '사랑'이라는 미묘한 역학관계를 이해할 리 만무하지만, 타인과의 관계 형성이 얼마나 절실히 필요한지는 그것이 부재할 때 나타나는 성장과 발육의 저하에서 잘 알 수 있다. 누군가에게 돌봄을 받고 싶은 우리 내면의 심오한 요구는 어른이 된다고 해서 크게 달라지지 않는다. 세상으로부터 자신을 격리한 채 심지어 애완동물조차 키우려 들지 않는 성인들이 원만한 인간관계를 맺으며 사는 사람들보다 일찍 사망한다는 연구 보고를 보면 알 수 있다.

버클리 대학과 미시간 주립대학에서 각각 독자적으로 실시한 연구 조사 결과에 의하면, 원만한 인간관계를 형성하지 못하는 사람들은 그렇지 않은 사람들보다 사망률이 무려 두 배가량이나 높았다. 미시간 주립대학의 제임스 하우스(James S. House)는 "사회적 고립은 흡연, 고혈압, 콜레스테롤, 비만, 운동 부족만큼이나 심각한 사망 원인이 되고 있다"라고 지적한다.[6]

대인관계, 왜 단순하지 않을까?

어딘가에 속하고 싶은 우리의 욕구를 사회과학자들은 동화assimilation, 친화affiliation 또는 사회 관계망social webbing이라고 명명한다. 어떤 이들은 동료애, 연대감, 관계 형성 등으로 부르기도 한다. 그것을 무엇이라 부르든 간에, 우리는 모두 다른 사람들과 의미 있는 관계를 맺으며 살고자 하는 끊임없는 욕구를 가지고 있으며, 이는 우리가 엄마 배 속에서 태어나는 그 순간부터 마지막 숨을 쉬는 순간까지 절대 중단되지 않는다.

속을 확 터놓고 지낼 수 있는 그런 인간관계를 갖고자 하는 것은 너무도 당연하다. 수박 겉핥기식의 관계에 표류하느라 속 깊은 자신의 내면적 욕구를 무시해서는 안 된다. 사람은 누구나 남이 자기를 사랑해 주고, 받아 주고, 필요로 해주기를 원한다. 그런데 나만큼은 이런 것들을 모두 초월해서 만족스러운 인간관계 따위에는 연연해하지 않는다고 말한다면, 마치 밥 안 먹고도 살 수 있다고 큰소리치는 것과 같다. 인간관계를 통해 친밀감을 느끼고자 하는 우리의 욕구는 하나님의 섭리라고도 볼 수 있다.

어딘가에 귀속됨으로써 인간관계를 통한 강렬한 친밀감을 느끼고 싶은 욕구는 이토록 보편적이고 당연하지만, 대인관계란 왜 그토록 까다롭고 어렵기만 한 것일까?

우리 부부도 똑같은 의문을 품은 적이 있었다. 자신의 대인관계를 들여다보라. 한마디로 "골치가 지근지근 아프다!" 멀리 볼 것도 없이, 자신의 가족을 한번 들여다보라. 자신이 세상에서 가장 사랑하는 사람들이 바로 가족이건만 이들은 때로 세상에서 가장 참기 힘든 고통을 주는 장본인들이 아닌가? 한 번쯤 연애해 본 사람이라면, 지글지글 뜨겁게 불타던 연애 감정이 순식간에 한 줌의 재로 스러져 가는 데 의아해해 본 적이 있을 것이다. 가장 믿었던 친구가 가장 큰 배신을 한다. 이성관계는 또 얼마나 풀리지 않는 의문투성이인가? 더 이상 말해 무엇하랴!

우리보다 앞서 지구 위에 그토록 많은 인간이 살다가 갔는데도, 왜 인간관계는 예전보다 조금도 단순해지지 않았는지 의문이 들 정도이다. 물론 앞서간 선조들이 아예 노력을 안 한 건 아니었을 것이다. 하지만 그들이 남긴 격언을 살펴보아도 단순해지기는커녕 오히려 더 혼란스러워진다. 도대체 "유유상종"이 정답일까, 아니면 "성격이 반대인 사람끼리 끌린다"가 정답일까? "떨어져 있어야 애틋해진다"가 맞는 걸까, 아니면 "눈에서 멀어지면 마음에서도 멀어진다"가 맞는 걸까? 도대체 알 길이 없다.

오로지 확실한 것은 우리가 아무리 좋은 취지로 아무리

많은 노력을 쏟는다 할지라도, 인간관계는 절대로 단순해지지 않는다는 점뿐이다. 미국의 유명한 코미디언 제리 사인펠트Jerry Seinfeld는 이렇게 복잡한 인간관계를 다음과 같이 희화했다. "요즘 연하장과 같은 카드 제작 회사들은 속지 내용을 그냥 빈칸으로 두고 카드를 찍어 낼 수밖에 없습니다. 즉 '여백' 그 자체로 두는 거지요. 이건 마치 카드 회사들이 이구동성으로, '당신들의 까다로운 인간관계에 맞는 문구를 만들어 내기에 이젠 지쳤다!'라고 시위하는 셈입니다."[7]

하지만 인간관계가 제아무리 난해하다 해도 이 주제를 오랜 기간 연구해 온 우리 부부로서는(다른 교육가나 심리학자들도 마찬가지 심정이겠지만) 뒷짐만 지고 있을 수는 없었다. 그래서 이 책을 통해 오히려 더 적극적으로 개입하기로 한 것이다. 당신의 인간관계에 대해 이래라저래라 훈수를 두려는 것은 결코 아니다. 단지 지난 수년간 이 문제에 대해 진중하게 연구하고 수많은 상담 경험을 축적한 결과, 행복한 인간관계를 위해서는 어떤 최신예의 전략, 기술, 이해가 필요한지 자연스럽게 터득하게 되었고, 이를 독자들과 나누고자 하는 것뿐이다. 이 책에서 설명하는 규칙들을 자신의 인간관계에 적용해 보라. 누군가와 어떤 관계를 맺기도 전에 이미 문제의 답을 손에 쥐고 시험장에 들어가는 기분을 느낄 수 있을 것이다. 이 책을 통해 이 모든 비법을 당신에게 전수해 주고 싶다. 우리가 인간관계에 대한 모든 해답을 틀어쥐고 있는 것도 아니고, 당신의 복잡한 인간관계를 단순함 그 자체로 만들어 줄 수 있는 것은 더더욱 아니지만, 당신의 인간관계가 지금보다 훨씬 더 행복하고, 건강하고, 견실해졌으면 하는 것이 우리의 바람이다.

이 책의 1장을 펼치기 전에 이미 만족스러운 인간관계를 맺고 있다면 더는 바랄 것이 없겠지만, 그렇지 않다면 이 책을 덮을 즈음, 당신의 나쁜 대인관계는 원만하게 되고 좋은 관계는 더욱 만족스럽게 되는 데 필요한 모든 방책을 가득 안게 될 것이다. 건강한 대인관계로 얻을 수 있는 모든 위로와 축복이 당신의 것이 되길 바라며, 그것들을 감사함으로 받을 수 있기를 진심으로 바란다.

5가지 친밀한 관 계

Real Relationships

모든 사람에게는 '나'가 분명히 있어야 한다.
이것이야말로 빵보다 더 중요한 필수품이다.

– 찰스 호튼 쿨리(Charles Horton Cooley)

친밀한 관계 1

나

누군가 곁에 있어야 한다는 강박관념에서 벗어날 때
비로소 진정한 인간관계의 첫발을 내딛는 것이다.

— 앤서니 스토르(Anthony Storr)

1장

참을 수 없는 존재의 외로움

 1992년 가을 학기, 우리 부부는 좀 별난 일을 하나 벌였다. 시애틀 퍼시픽 대학에서 가족, 친구, 이성 교제, 섹스에 대해 매우 개방적인 공개 강의를 하겠다고 제안한 것이다. 한마디로 건강한 인간관계의 기초에 대해 '한 수 가르쳐 주는 것'이 목적이었다.

 대학에서는 상상할 수 있는 거의 모든 주제로 다양한 강의가 개설된다. 하지만 좋은 인간관계에 대해 가르치는 강의는 가뭄에 콩 나듯 희귀한 것이 현실이다. 우리 부부는 이 현실을 바로잡기로 마음먹었다. 심리학자(레스)로서, 가정상담 전문가(레슬리)로서 대학에서 수년간 강의해 온 우리 부부는 수많은 연구 자료를 통해 대부분의 사람이 아주 약간의 도움만 있어도 불만스러운 대인관계를 개선하고 만족스러운 관계를 공고히 할 수 있음을 확신하게 되었다.

우리는 학생들의 자발적 출결석으로 이루어지는 비공식 수업 방식을 고안했다. 원할 때 수강하고, 싫으면 언제라도 철회할 수 있는 강좌! 강좌명은 '대인관계'로 했다.

강의료 한 푼 받지 않고 학점 없이 강좌를 개설하는 것이었으므로 학교 측이 반대할 이유는 없었다. 다만 대인관계라는 주제가 '이렇다 할' 학문적 주제, 혹은 중요한 대학 교과과정의 일부분이 아니라고 일축해 버리는 교수들은 눈살을 찌푸리기도 했다. 또 강의를 개설하고 처음 몇 주 동안 동료 교수들에게 호기심 어린 농담을 들어야 했다. 우리 계획을 들은 한 교수는 학과와 '전혀 연관성이 없는!' 강의라고 몰아붙이기도 했고, 어떤 교수들은 우스갯소리로 혹시 임상 시험 대상은 필요 없느냐고 너스레를 떨기도 했다.

여하튼 그해 가을 강좌는 예정대로 개설되었고 학생들의 수강 신청이 이어졌다. 그런데 수강 신청일이 하루 지난 후 교무과에서 전화가 왔다. 애초 25명을 수용하는 강의실을 배정했는데, 수강 신청자가 너무 많아 225명을 수용할 수 있는 대강당으로 옮기지 않으면 안 된다는 것이었다! 그 후 이 과목은 해마다 최다 수강생 기록을 경신하며 인기 강좌로 군림했다.

그해 가을 이후, 우리는 전국 각지의 대학과 교회에서 건강한 인간관계에 대해 수많은 강의를 하게 되었다. 강의마다 우리가 화두로 꺼내는 말은 늘 한결같다. "자아 정체성이 확립되지 않은 상태에서 다른 사람과 친밀한 인간관계를 맺으려고 시도해 보았자 그 대인관계는 자신의 자아를 완성하려는 부질없는 노력으로 시종일관한다!"

이 한 문장 안에 만족스러운 인간관계의 암호를 푸는 열쇠가 숨어 있다. 이 메시지에서 말하는 것처럼 온전한 자아상을 확립하지 못하고 인간관계에 임하면, 잘해 봐야 일시적이며 혼란한 정서적 교류밖에 경험할 수 없다. 시시때때로 인간관계를 통해 친밀감을 느낄 수는 있으나 일회성 교감들로 그치고 만다는 뜻이다.[1] 반면에 여기에 담긴 메시지를 진심으로 이해하고 자기 것으로 완전히 소화하여 온전한 자아상을 확립하면, 사랑하는 가족, 친구, 그리고 궁극적으로 하나님께로의 영원한 귀속감을 통해 참된 안정을 얻을 수 있으며, 자신의 삶 자체를 진심으로 사랑할 수 있게 된다. 따라서 "나는 누구인가"에 대한 확고한 자아상을 정립하는 것이야말로 변치 않는 우정과 인생의 반려자를 발견하기 위한 가장 기초적인 작업이다.

솔직히 말해 때때로 삶에서 무언가 빠져 있다고 느끼지 않는가? 외로움에 이따금 몸서리쳐 본 적이 있지 않은가? 정작 내가 소속되고 싶은 단체의 사람들로부터 소외되고, 거부당하고, 따돌림당하는 느낌을 받은 적이 있지 않은가? 이런 공허감이 닥쳐올 때 어떻게 대처하는가? 대부분의 사람은 이 공허감을 채워 줄 그 누구, 혹은 그 무엇을 미친 듯이 찾아 헤맨다.[2] 외로움의 고통에서 우리의 관심을 분산시켜 주는 것이라면 쇼핑, 술, 음식 등 아무것도 가리지 않는다. 무엇보다도 우리는 외로움의 공백을 메워 줄 '바로 그 사람'을 찾아 나선다. '내게 딱 맞는 사람만 만나면 인생이 완벽해질 것'이라는 심산에서이다.

하지만 안타깝게도 문제는 그리 단순하지 않다. 만약 '바로 그 사람'을 만나기만 하면, 그럼으로써 우리의 인생이 완벽해질 수 있다면, 도대체 왜 우리는 그토록 신뢰하던 친구에게 실망하고, 그토록 사랑하던 사람과의 결혼생활에서 수많은 문제를 경험할까? 공허감의 원인은 우리 인생에 누군가 빠져 있기 때문이 아니라 우리 자신이 불완전한 영혼을 소유하고 있기 때문이다.

따라서 건강하고 만족스러운 인간관계를 위해서는, 스스로 온전함에 이르려는 노력이 뒤따라야 한다. 다시 말해 자아 성취, 자기 정체성, 그리고 건강한 자아상을 갖추어 나가야 한다.

자아 완성을 향한 타는 듯한 목마름

20대 중반 대학생인 S가 우리 방에 찾아온 적이 있다. 1년 넘게 남자를 사귄 적이 두 번 있었고, 지금 사귀는 남자와도 1년가량 연애 중이다. 그녀는 자기보다 나이도 많고 늘 자신감 있어 보이는 D를 몹시 사랑하는 듯했고, 그에 관해 이야기하면서 행복감에 황홀해했다. "저는 그를 너무도 사랑해요. 지난주 그는 데이트한 지 10개월 된 기념으로 깜찍한 테디베어를 선물했어요."

그녀는 남자 친구에 대해 입에 침이 마르도록 칭찬을 했다. "그는 완벽해요. 너무도 멋있어요. 하지만 문제는…." 그녀는 말을 채 끝맺지 못하고 울먹이기 시작했다. 나(레슬리)는 화장지를 건네며 무슨 문제 때문에 힘들어하는지 물었다. 그녀는 자신이 뭔가 바보 같은 짓을 해서 언젠가는 그를 놓치게 될지도 모른다는 두려움 때문에 늘 가슴을 졸인다고 했다.

"전에도 그랬어요. 정말 완벽한 남자를 만나 한동안 잘나가나 싶다가, 꼭 제가 바보 같은 짓을 해서 깨지곤 했어요."

"예를 들면 어떤 이유로 그가 당신을 버릴 거라고 생각하나요?"

그녀는 생각해 낼 수 있는 모든 나쁜 습성, 이를테면 무책임, 게으름, 어리석은 행동을 열거하며, 이런 자신의 나쁜 습성들 때문에 언젠가 남자 친구가 자기를 버릴 것 같다며 눈물로 하소연했다. 이어 그녀는 이성을 사귈 때 초반에 느끼는 자기 만족감에 관해 이야기했다. 남자와 데이트를 하면 왜 그런지 자신이 좀 더 완벽해지는 느낌이 든다는 것이다.

레스는 이미 다 알고 있는 이야기라는 듯 내게 시선을 보냈다. 그녀의 문제가 무엇인지 너무도 뻔했다. 얼굴과 이름만 다를 뿐 수많은 젊은이가 똑같은 문제로 우리 상담실을 찾아와 똑같은 의자에서 눈물을 흘렸다. 이성을 사귐으로써 그들은 한시적으로나마 진정한 자신이 되는 것을 경험했는데, 만약 그 대상이 떠나 버리면 어떡하나 노심초사하는 것이다. S의 경우도 마찬가지이다.

"D를 위해서라면 뭐든 할 수 있어요"라고 그녀는 말했다.

"그게 문제입니다." 레스는 단호히 말했다.

그녀는 영문을 모르겠다는 표정이었다. 호기심에 찬 그녀의 질문에 대답하며 우리는 이성관계라는 틀 안에서 자기 자신을 살펴보라고 조언했다. 마치 부모와의 분리불안을 경험하는 아이처럼 그녀는 남자 친구와의 이별을 너무도 두려워한 나머지, 약간의 실수만으로도 그가 떠날지 모른다는 생각에 조바심치고 있었다. D, 혹은 남자 친구라는 이름으로 등장하는 그 누구와의 관계에서든지 그녀는 관계 자체보다는 상대방의 마음에 쏙 드는 여인이 되는 데 열중했다. 그녀의 강박관념은 왜 생겨났을까? 수많은 젊은이처럼 그녀는 자아가 제대로 정립되지 않은 상태에서 타인을 통해 자신의 정체성을 파악하려 했다. 따라서 자신의 정체성을 확인시켜 준 바로 그 사람을 잃는다는 것은 생각만으로도 까무러치도록 무서운 일이었다.

이토록 온전함completion에 이르려는 우리의 목마름은 너무도 절실하다. 하지만 이 욕망은 의식의 세계보다는 무의식의 세계에서 작용하기 때문에, 자칫 잘못하면 대인관계에 치명타를 입히는 잘못된 고정관념에 쉽게 빠져들 수도 있다.

온전한 인간관계를 방해하는 2가지 거짓말

"우리의 자아는 다른 사람과의 관계를 통해서만 존재할 수 있다."3 저명한 사회학자 조지 허버트 메드George Herbert Mead의 말이다. 풀어 말하자면, 인간은 남과 관계를 맺고 사회의 구성원이 됨으로써 자신이 누구인지 발견할 수 있다는 뜻이다. 전적으로 공감한다. 하지만 반드시 덧붙여 알아 두어야 할 것은, 인간관계가 자아 발견에 이르는 하나의 과정은 될 수 있을지언정 '온전한 자아' 형성을 보장하지는 못한다는 점이다. 이것이 웬 "다 된 밥에 코 빠뜨리는 소리냐"고 할지도 모르겠지만, 누구든 "나는 누구인가"에 대한 확고한 자아관을 스스로 정립하지 않은 상태에서는 다음과 같은 2가지 잘못된 거짓말에 현혹되어 인간관계의 장애물에 걸려 넘어질 수밖에 없다.

거짓말 1. "이 사람만 곁에 있으면 나의 자아는 완벽해진다"

첫 번째 거짓말은 이처럼 우리 마음을 현혹한다. 순식간에 자아가 완성되고 자신의 모든 욕구가 채워진다는데 무슨 두말할 여지가 있겠는가? 누군가를 절실히 필요로 하는 사람들은 백발백중 저항 없이 이 거짓말의 유혹에 넘어간다. 사실 자아 완성에 이토록 간편한 지름길이 있다는데 누가 마다하겠는가? 수많은 사람이 순순히 이 독배를 마시는 수밖에.

L이 바로 그런 경우였다. 20대 후반의 모범생인 그녀는 캠퍼스에서 만난 T와 몇 번 데이트했는데 특별한 관계로 발전되지는 못했다. 졸업 후 T는 직장 때문에 다른 지방으로 갔다가 최근에 돌아왔고, L은 교회에서 그를 다시 만났.

"우리는 단순한 친구 이상인 것 같아요. 하지만 데이트를 하는 것 같긴 한데 뭔가 짜릿한 게 빠져 있지요. 특히 그는 제게 별다른 감정을 못 느끼는 것 같아요."

T가 자기와의 데이트보다 직장 일에 더 몰두하는 것이 그녀의 걱정이었다. 당시 마케팅 담당이었던 T는 더 나은 이력을 만들기 위해 시애틀을 떠나 캔자스시티에서 연수를 받을 계획이었다. 이런 와중에 L이 우리 상담실에 찾아온 것이다. 친구도 애인도 아닌 어정쩡한 상태에서 T와 4개월 정도 만나 온 L은 다니던 직장도 그만두고 T와 함께 캔자스시티로 갈 생각을 하고 있었다.

"제 직장은 그저 그래요. 캔자스시티에 이모가 사시는데 빈방이 있으니 한동안 와 있어도 좋다고 말씀하셨어요."

나(레슬리)는 귀를 의심할 수밖에 없었다. "그럼 지금 확실히 애인인지 아닌지도 모르는 사람을 위해서 직장도 포기하고 그 먼 곳으로 가겠다는 말이에요?"

"말도 안 되는 거 저도 알아요! 하지만 그와 저는 천생연분인걸요. 저는 확신해요. 단지 그가 아직 그걸 깨닫지 못하고 있는 것뿐이에요. 언뜻 말이 안 되는 것처럼 보이겠지만, 제가 그 사람 가까이에 계속 있으면서 우리가 얼마나 사랑하는지 일깨워 주면 괜찮아질 거예요."

얼마나 관계에 굶주려 있으면 고통스러운 결말이 뻔한 결정을 내리려는 것일까, 내 마음은 안타까울 뿐이었다. T를 따라나서는 것 외에 다른 대안들을 이것저것 제시해 보았으나, 그녀는 꿈쩍도 하지 않았다. 그녀에게는 충고가 필요하지 않았다. 이미 그녀의 마음은 빛나는 갑옷에 백마를 타고 캔자스시티로 홀연히 떠나려는 왕자님의 뒤를 쫓고 있었다. 그러니 그녀를 말리는 것은 "소귀에 경 읽기"일 뿐!

이와 유사한 이야기를 많이 알고 있을 것이다. 전혀 생경하지는 않을 것이다. "이 사람만 있으면 나는 완벽해진다"는 거짓말에 넘어간 사람들은 바로 그 사람과 함께 있기 위해서라면 그 무엇이든 마다치 않는다. 직장도 포기하고, 외모도 순식간에 바꾸고, 기꺼이 성관계도 맺고, 임신도 하고, 지구 반대편까지도 따라나선다. "바로 이 사람이 내 모든 욕구를 충족시켜 줄 것이므로 나는 완벽해질 것이다"라고 믿는 사람들은 인간 카멜레온들이다. 우디 앨런Woody Allen 영화에 등장하는 젤리그Zelig를 기억하는가? 그는 데이트 상대자가 자신에게 주문하는 대로 변신한다. 그가 어떤 사람이 될지는 상대방에 의해 결정되며, 그 또한 자신이 어떤 사람이 되어야 할지 상대방이 결정해 주기를 바란다. 문제는 관계를 통해 자신의 자신감을 고취해 줄 그 누군가를 맹목적으로 추구하는 행위에는 반드시 뼈아픈 결말이 따른다는 것이다. L도 예외가 아니었다.

T를 따라 떠난 지 약 6개월이 지나고 나서 그녀는 우리 상담실에 우울한 모습으로 다시 나타났다. "캔자스시티에 있는 줄 알았는데 어떻게 된 거예요?"

T는 그곳에 간 지 몇 주도 되지 않아 연수원에서 만난 여자와 데이트를 시작했다고 했다. 게다가 그들은 곧 결혼할 예정이었다. 그녀는 그럭저럭 잘 지냈다고 했지만, T를 '잃은' 후에, 남자에 대한 기대치를 팍 낮추고 예전에는 눈길 한 번 주지 않았을 그런 남자들과 사귀고 있다고 말했다. 그리고 T에 대해 30여 분 동안 맹렬한 험담을 늘어놓았다.

안타깝게도 너무나 많은 사람이 다른 사람과의 교감을 통해 자신에 대한 승인, 긍정, 인생의 목적, 안도감, 그리고 궁극적으로 자아 정체성을 얻으려 한다. 그래 놓고는 필연적으로 예정된 실망감을 급기야 맛보면 자신을 실망하게 한 '그 사람'을 통렬히 비판하고 원망한다.

누군가가 자기 삶 가운데 존재한다는 사실만으로는 자기 가치를 발견할 수 없다. 스스로 자기 가치를 발견하지 못하고 인간관계에 임한다면, 상대에게 줄 수 있는 것은 오로지 "나는 당신이 간절히 필요해요!"라는 메시지뿐이다.

요행히 그 사람의 마음을 얻는다 할지라도, 얼마 가지 않아 다시 공허감에 사로잡힌다. 첫 번째 거짓말에 담긴 달콤한 독은 바로 그런 것이다. 친구나, 애인, 남편 혹은 아내 등 자기 인생의 가치를 남이 대신 제공해 주기를 기대하는 것은 실현 불가능한 몽상이며 바르지 못한 길이다. 자아 정체성을 찾고 온전한 자아를 개발하는 일은 결코 타인의 몫이 될 수 없다. 다시 말해 자신이 아니면 아무도 그것을 대신해 줄 수 없다! 또 당신과 관계를 맺고 있는 사람들은 당신과 함께 삶을 나누고 공유할 대상이지 당신의 삶 자체가 아님을 기억하라.

거짓말 2. "누군가에게 내가 필요하다면, 나의 자아는 완벽하다"

두 번째 거짓말 역시 첫 번째만큼이나 치명적이면서 더욱 잔인하다. 이런 거짓말에 현혹되어 사는 사람들을 살펴보면, 겉으로는 그다지 대인관계에 목말라하지 않는 것으로 보인다. 타인의 인정을 받기 위해 자신을 왜곡시키는 따위의 일은 하지 않는 듯하다. 대신 이들은 마치 전리품처럼 그 누군가를 얻으려고 노력한다. 하지만 이들도 자아 정체성 혹은 자기 가치에 대한 인식 부족이라는 문제가 있으며, 자신의 미약한 자아$_{ego}$를 치켜세워 줄 그 누군가와 관계를 맺으려 안달하는 것일 뿐이다. 단지 관계를 맺는 것이 아니라 남의 마음을 정복하는 데 중점을 두며, 더 많이 정복할수록 더 많은 만족감을 얻는 사람들이다.

이러한 거짓말에 현혹된 사람들은 인간관계의 대상을 성취의 대상으로 보며, 마치 전리품처럼 여긴다. 누구와 데이트를 하는지도 중요하지 않으며, 내가 상대에게 어떤 느낌이 있는지도 중요하지 않다. 오로지 중요한 것은 데이트를 통해 내가 자신에 대해 어떻게 느끼느냐이다. 어떻게 보면 이들의 심리는 쾌락주의적이다. 따라서 전혀 남을 배려하지 않는다.

얼마 전 우리 부부는 시애틀 레퍼토리 극장에서 렉스 해리슨이 다시 주연한 뮤지컬 "마이 페어 레이디"My Fair Lady를 보았다. 뮤지컬은 런던 거리 한쪽에 서 있는 헨리 히긴스 교수로부터 시작된다. 죽마고우인 피커링 대령과 함께 길을 지나가던 그의 시선이 문득 엘리자라는 꽃 파는 소녀에게 머문다. 이런저런 말을 주고받던 그들은 내기를 건다. 그녀를 공주로 둔갑시킬 수 있다는 쪽에 히긴스 교수는 돈을 걸었다. 그는 장시간을 투자해 그녀에게 상류층이 쓰는 영어와 예의범절을 가르친다. 마침내 심혈을 기울인 그의 작품은 대규모 연회장에서 시험대에 오른다. 사치스럽기 그지없는 아름다운 드레스를 걸친 엘리자는 공주라는 신분으로 사람들에게 소개되고, 그 사실을 의심하는 사람은 아무도 없었다.

그날 밤 저택으로 돌아온 엘리자는 히긴스 교수가 잠시 방을 비운 사이 피커링 대령과 함께 앉아 그날 밤의 일을 회상한다. "꽃 파는 소녀와 공주의 차이가 무엇인지 드디어 알 것 같아요. 그것은 바로 사람들이 대하는 방식의 차이예요. 모든 사람이 저를 공주로 대했죠. 하지만 저를 공주로 보지 않은 사람이 있다면 바로 헨리 히긴스예요. 그에게 저는 여전히 꽃 파는 여자에 불과해요."

히긴스 교수 같은 부류의 사람들이 "누군가에게 내가 필요하다면, 나의 자아는 완벽하다"라는 두 번째 거짓말에 현혹된 사람들이다. 그들이 맺는 인간관계에서 상대방은 또 하나의 프로젝트에 불과하며, 인간관계 이력서에 한 줄이 늘어나는 것일 뿐이다. 이들은 상대방을 배려하지 않는다. 왜냐하면 그들이 자신을 필요로 하는 것으로 자기 만족감은 충분히 달성되기 때문이다. 비록 한시적이지만 말이다.

언뜻 보면 이들은 애정을 쏟을 상대를 찾아 헤매는 것 같지만 실상은 그렇지 않다. 결국 그만큼 자기를 사랑해 줄 사람을 찾겠다는 허상을 품고 있을 뿐이다. 두 번째 거짓말에 현혹된 사람들은 자신의 허상을 현실화시켜 갈수록 자신이 얼마나 위험한 타협을 하는지 깨닫지 못한다. 솔직히 말해보자. 당신을 필요로 하는 그 누군가를 얻는 게 목표라면 정말 대단한 사람들에게 다가갈 리 만무하다. 그저 웬만한 여자 친구나 남자 친구 정도가 고작일 것이다.

올해 27살의 R군은 탄력 있는 몸매에 옷도 감각 있게 입고, 쾌활하게 웃기도 잘하는 멋진 청년이다. 그동안 몇 명의 여자와 데이트했는지는 세어 보다가 포기한 지 오래이다. 그는 인근 교회 두 군데에 다니며 청년회 활동을 했다. 그의 '제비' 명성이 슬슬 시들해질 무렵 우리와 만난 그는 차츰 누군가에게 '안주'할 생각을 품고 있던 터였다. 그는 가장 최근에 '낚아챈' T라는 여대생에 관해 이야기했다. "글쎄, 잘 모르겠어요. 얼굴도 예쁘고, 뭐 빠지는 것은 없는데, 그냥, 뭐 그런 거 있잖아요. 저도 잘 모르겠어요." 그의 반응은 한마디로 시큰둥 그 자체였다.

"대체 그녀에게 뭐가 문제인 거지?"

그는 적절한 단어를 찾아내지 못한 채 "슬슬 누군가를 진지하게 사귈 때가 온 것 같긴 한데, 그냥 그녀는 왜 그런지 좀 아닌 것 같아요"라고 말했다.

"그녀가 아직 마음의 문을 안 열기 때문인가?"

"아뇨. 그녀는 제가 말 한마디만 하면 금방 넘어올 거예요. 문제는 아무리 봐도 그녀는 제가 찾던 여자가 아닌 것 같다 이 말씀이죠."

"왜 그렇게 생각하지?"

"그게 바로 문제예요. 저도 왜 그녀가 제 이상형이 아닌지 모르겠거든요."

한참 동안 이야기를 나누었지만, 우리는 그 어떤 결론에도 이르지 못했다. 그가 어떤 여자를 사귀고 상대방이 그를 얼마나 필요로 하든 간에, 그것 자체만으로는 그의 불완전한 자아가 완전해질 수 없다는 사실을 깨닫기까지 한동안은 어떤 결론에도 이르기 어려울 것이다.

R과 같이 두 번째 거짓말에 현혹된 많은 사람은 확고한 자

기 가치와 온전한 자아를 정립하기 전에는 진정한 사랑을 경험할 수 없다. 이는 다른 사람이 아닌 바로 자기 자신만이 할 수 있는 내부적인 과제가 남아 있기 때문이다.

온전한 자아에 이르는 법

아직도 분명하게 메시지를 깨닫지 못한 사람들이 있다면 이렇게 얘기를 해 주고 싶다. "자아의 성장과 온전함에 이르는 지름길이란 어디에도 없다." 스스로 자기 가치를 찾아내지 못한다면, 아무리 타인을 통해 자아를 완성하려 해도 그저 완전해진 것 같은 착각에 사로잡힐 뿐이다. 그것도 바람처럼 쉽게 사라져 버리는 착각!

"그렇다면 대체 어떻게 해야 자아를 완성할 수 있는가?"라는 의문이 생길 것이다. 정말 중요한 질문이다. 당신이 이미 이러한 질문을 하고 있었다면, 앞서 말한 2가지 거짓말에서 이미 탈출할 준비가 되었다고 볼 수 있다. 자아를 완성하기 위해서는 일단 계획을 세워야 한다. 물론 사람에 따라 자아 완성의 경로가 다를 수 있기 때문에, 획일적으로 모든 사람에게 맞는 답이라고 장담할 수는 없다. 우리 부부의 경험과 자아 완성에 이른 다른 이들의 지혜를 빌려 요약해 보면 자아 완성에 필요한 것은 대체로 다음의 4단계이다.

1단계: 자신의 상처를 치유하라

나(레스)는 별다른 '상처' 없이 그럭저럭 살아왔다고 생각했다. 중고교뿐만 아니라 대학교 때도 이렇다 할 격변 없이 지내 왔다. 그런데 대학원 시절에 느닷없이 인간관계 때문에 큰 상처를 입었다. 당시 너무도 친하게 지내던 친구가 갑작스럽게 나를 저버린 것이었다. 그토록 돈독했던 우리의 우정에 그는 더는 관심을 두지 않았다. '대체 내가 뭘 잘못한 걸까?' 나는 그동안의 관계, 최근에 그와 나눴던 모든 대화 내용을 되짚으며 이리 생각해 보고 저리 생각해 보았다. 하지만 달리 짚이는 것이 없었다. 그 친구에게 나, 레스라는 존재는 순식간에 약간의 시간도 할애하기 싫은 존재로 변해 버렸다. 사실 지금까지도 그 이유를 확실히 알 길이 없다. 한 가지 확실한 것은 그때 매우 괴로운 나날을 보냈다는 것과 언젠가는 그냥 괜찮아지리라는 희망을 품었다는 것이다. 그러나 정말 그냥 괜찮아졌을까?

임상 훈련 과정의 하나로, 나는 상담을 받게 되었다. 당혹스러운 결별의 실마리를 찾는 데 그보다 더 좋은 기회는 없을 듯해 보였다. 그러나 막상 그 친구와의 얘기를 털어놓으면서, 그게 어떤 결말로 이어질지 전혀 감을 잡을 수 없었다.

나는 그저 온갖 미묘한 감정이 북받쳐 오는 것을 느꼈을 뿐이었다. 상담사는 나의 개인사를 요모조모로 살펴보더니, 버림받은 순간을 회상해 보라고 주문했다. 나는 그런 주문에 별로 수긍이 가지 않았다. '도대체 내 친구와 결별한 것이 그것과 무슨 관계가 있단 말인가?'라는 의아함만 들었다. 나중에 알고 보니 정말 아무 관계도 없었다. 그것은 내게 아직도 찌꺼기로 남아 있는 과거의 상처와 관련이 있었다.

그 임상 훈련은 언뜻 보기에 우스운 짓 같았다. 내가 기억하는 것의 대부분은 평범한 어린아이들이라면 흔히 가지고 있는, 시장에 가서 엄마를 잃어버리는 일 따위들로, 당시엔 무척 큰 충격을 받았지만 얼마 안 가서 잊어버리는 그런 일들이었다. 그러나 상담사는 그것을 지적했다. 이유 여하를 막론하고 내 기억에서 아직 그러한 상처들이 남아 있는 것이 문제라고 했다.

자기 탐색self-exploration을 실습하는 중요한 이유는 내가 인간관계에서 겪었던 아픔들(크건 작건 간에)을 그냥 파묻어 두지 않고 꺼내어 이해하고 인정하게 하려는 것이다. 이는 매우 중요한 작업이다. 그 이후 나는 억눌린 감정들, 특히 아픈 감정들은 재발률이 높다는 것을 깨달았다. 따라서 이러한 자신의 상처를 치유하는 것이야말로 온전함에 이르는 첫걸음이다.

사람에 따라 너무나 깊은 상처를 가진 사람도 있고, 가벼운 상처만 지닌 사람도 있다. 어떤 상황이건 자아를 완성하는 과정에서 자기 상처를 발견하고 치유하는 일은 필수적이다. 미리 알아 둘 것은 이 상처의 치유가 매우 고통스러운 자기 탐험의 과정이라는 점이다. 어떤 경우든 자기 발전personal growth에는 언제나 고통이 수반되기 마련이다. 하지만 제아무리 고통스럽더라도 반드시 그만큼의 가치가 있다.

그리스 신화에 나오는 판도라 상자 이야기와 흡사하다고 보면 된다.[4] 상자 안에는 그녀가 피하고 싶어 하는 온갖 괴로움과 묻어 두고 싶었던 고통이 깊숙이 담겨 있었다. 그녀가 상자를 열었을 때 감춰졌던 모든 괴로움과 고통이 순식간에 밖으로 튀어나왔다.

대부분의 사람은 여기까지만 알고 있다. 하지만 이야기를 조금만 더 살펴보면, 모든 괴로움이 백일천하에 모습을 드러내고 상자 안에 감춰졌던 모든 것이 빠져나왔을 때, 비로소 상자 맨 밑에 있는 것도 발견할 수 있었음을 알게 된다. 그것은 바로 그동안 그녀의 인생에서 존재하지 않았던 '희망'이다. 감춰졌던 모든 것을 밖으로 드러냈을 때 비로소 그녀는 온전함에 이르는 열쇠를 발견한 것이다. 우리도 마찬가지이다. 잊고 싶고, 무시해 버리고 싶은 모든 고통을 발견하고 이를 파헤쳐 냈을 때, 판도라 상자 맨 밑에서 '희망'이라는 것을 발견하게 될 것이다!

  자아 완성을 위해 왜 반드시 이 첫 단계를 거쳐야 하는지 의아할 수도 있다. 나도 마찬가지였다. 그러나 결국 내가 깨달은 바로는, 이 과정을 거쳐야 과거의 상처가 현재의 인간관계에 재현되는 것을 방지할 수 있다. 좀 이상하게 들릴 수도 있겠으나, 현재 당신의 인간관계는 과거에 겪었던 개인적 상처 또는 이별(부모, 남자 친구, 여자 친구 등)에 대한 대체 수단으로 이용될 때가 많기 때문이다.

  어떤 관계든 새로운 인간관계에 임할 때마다, 우리에게는 과거에 해결하지 못했던 문제를 극복할 기회가 주어졌다고 할 수 있다. 하지만 당신이 자가 치유의 과정을 거치지 않는 한, 새로운 관계에서도 과거의 문제를 극복하지 못하고, 과거에 입은 상처를 현재의 대인관계에서 끊임없이 재현할 가능성이 매우 높다. 그러면 상처에 상처를 거듭 입히게 된다. 이것이 패턴이 되면 문제가 더욱 심각해져서, 당신은 결국 새롭게 만나는 사람들과 진정한 관계로 발전하지 못하고, 그들을 단지 과거의 상처를 씻기 위한 또 하나의 기회로밖에 인식하지 못한다.

  바로 이런 이유로 자가 치유의 과정이 개인 성장에 매우 핵심적인 첫 단계를 차지한다. 과거 인간관계에서 겪었던 아픔을 탐색해 보는 시간을 가져야만 자아 완성으로 나아가는 첫걸음을 뗄 수 있으며, 그럼으로써 진정한 인간관계로 나아가는 다음 단계, 즉 가면을 벗는 일을 할 수 있다.

2단계: 가면을 벗어라

"제가 이토록 솔직하게 속내를 털어놓은 사람은 당신이 처음인 것 같습니다." 심리학자치고 이 말을 들어 보지 않은 사람은 거의 없을 것이다. 시드니 저라드Sidney Jourard는 저서 『투명한 자아』The Transparent Self에서 환자 대부분이 자신의 가족이나 친구보다 심리학자 앞에서 더 솔직한 심정을 털어놓는다고 지적한다. 수많은 연구 끝에 그는, 인간에게는 자신을 남에게 보여 주고 싶은 자연스러운 선천적 욕구가 있지만, 두려운 나머지 이 욕구를 그냥 억눌러 두는 경우가 많다는 결론을 내렸다. 사람들은 자기를 드러내다가 "너무 감상적이다", "너무 정서가 메말랐다", "너무 자기주장이 강하다", "너무 소심하다"라는 소리를 들을까 봐 두려워한다는 것이다. 한마디로 남에게 거부당하는 것을 두려워한다.

그 결과 우리는 가면을 쓰게 된다고 한다. 일종의 보호막이다. 매슬로Abraham Maslow는 이를 두고 "철갑을 두른 해파리"라고 명명했다. 즉 자신이 아닌 다른 사람인 척하는 것이다. 작자 미상의 다음 편지를 함께 음미해 보자. 우리의 마음을 대변한 편지처럼 보인다.

제발 제 속임수에 넘어가지 마세요. 제 얼굴에 속지 마세요. 저는 가면을 쓰고 있는 거랍니다. 수천 개의 가면! 감히 두려워 벗지 못하는 것이지만 그건 진정한 제가 아니랍니다. 위장은 제 후천적 본성입니다. 그러나 저를 위해서라도 제발 제 위장에 속지 말아 주세요. 저는 늘 분명한 태도를 견지하고 안팎으로 기분은 늘 쾌청하며 마음의 평정을 잃지 않는 것처럼 보일 것입니다. 자신감이란 바로 나 같은 사람을 일컬을 때 쓰는 말 같고, 냉정함은 제 트레이드마크처럼 보일 것입니다. 제 마음은 늘 호수처럼 잔잔하고, 모든 것은 의지대로 이루어지는 것처럼 보일 것입니다. 그러나 미안하지만 저도 저 자신을 믿지 않습니다. 표면적으로는 매우 매끄러워 보여도 그건 제 가면에 불과합니다. 제 수천 개도 넘는 가식의 가면 말입니다.

편지의 작자는 가면 뒤에 숨은 진정한 자신은 결코 거만하거나 평온한 모습이 아닌, 혼란과 두려움, 외로움 그 자체이며, 본모습이 드러날지 몰라 그야말로 벌벌 떨고 있다고 적는다. 그다음 혜안이 번뜩이는 문단이 이어진다.

내가 누구인지 아마 매우 궁금하실 겁니다. 나는 당신이 매우 잘 아는 사람입니다. 당신이 만나는 모든 남자가 접니다. 당신이 만나는 모든 여자가 바로 접니다. 저는 당신 바로 앞에 있는 사람입니다.[5]

그렇다면 왜 우리는 모두 가면 뒤에 숨는 걸까? 사람은 자신을 드러내고 싶은 충동과 자기를 보호하고자 하는 욕구 사이에서 끊임없이 시계추처럼 왔다 갔다 한다. 이해하기 어려운 이 모순에 빠져 우리는 남에게 알려지기를 바라는 동시에 자신을 숨기고 싶어 하는 것이다. 왜 그럴까?

먼저 우리에게는 냉정하고 침착하며 자신을 잘 다스리는 사람들에 대해 엄청난 동경심이 있기 때문이다. 남자들을 보라! 제임스 딘, 클린트 이스트우드, 로버트 드니로, 조니 뎁과 같이 감정을 드러내지 않는 멋진 인물들이 풍기는 독립적이고 강인한 이미지를 자기들의 이상형으로 삼는다.

무엇보다도 우리가 가면을 쓰는 주된 이유는 남에게 거부당하기 전에 미리 보호막을 치기 위해서이다. 자신의 진짜 모습을 사람들이 알게 되면 결코 자신을 받아 주지 않을 것이라고 생각하기 때문이다. 따라서 자신이 만든 가면 뒤에 숨어, 정작 자기 아닌 다른 사람의 행세를 한다. 사회학자들은 이를 이미지 관리impression management라 부르지만, 평범한 우리에게는 그저 고통일 뿐이다.

한동안 이 가면을 쓰고 있노라면, 남들로부터 거부당하는 일도 피할 수 있고, 잘만 하면 존경의 대상으로 승격될지도 모른다. 하지만 그것은 결코 자아 성취의 길이 될 수 없다. 진정으로 친밀한 인간관계를 구축할 수 없다. 자신의 말과 행동이 진정한 자기 내면과 일치하지 못할 때, 즉 자신의 가장 깊숙한 정체성을 남에게 숨기고만 산다면 결국 부조리에 가득 찬 조각난 자아가 형성된다. 따라서 겉으로 드러나는 외면의 모습이 내면과 전혀 다르게 발달한다. 남들에게 보이는 자신의 이미지를 관리하는 데 급급해 "나는 지금 어떻게 느끼는가"를 묻기보다 "나는 지금 어떻게 느껴야 하는가"를 자문한다. 남들이 자신을 어떻게 생각할지에 초점을 맞추는 것이다.

앞으로 대인관계에 임할 때 "상대가 나를 어떻게 대하는가?"를 묻기보다 "내가 상대를 어떻게 대하고 있는가?"를 자문하도록 하자. 생각의 초점을 자기에게서 떼어 상대방으로 옮기는 이 미묘한 전환이야말로 자신을 자기답게 만들어 주며, 이러한 '자기다움'은 자아 완성의 중요한 일면이다. 속과 겉에 일관성이 있는 사람들은 정서적으로 안정되어 있기에 상대방에게 초점을 맞출 수 있다. 그리고 이들이 상대에게 초점을 맞추는 이유는 이미지 관리를 위해서가 아니라 진정으로 남을 배려하기 때문이다.

그렇다면 온전한 자아를 갖춘 사람whole person은 인간관계에서 어떻게 가면을 활용하는가? 그들만의 비법은 무엇인가? 대개 사람들은 먼저 '약한 모습'vulnerability을 있는 그대로 보여 주는 사람에게 반대급부로 자신의 '약한 모습'을 보여 주는 경향이 있다. 누군가 먼저 가면을 벗고 진정한 자신의 모습, 두려움, 욕구, 흥분 등을 있는 그대로 보여 주면 상대방도 똑같이 한다. 자기만 약한 것이 아니라는 사실을 알고 나면 사람들은 대개 경계 태세를 해제해 버리기 때문이다. 그래서 오히려 '본모습'을 보여 주는 것이 자신과 남을 잇는 다리 역할을 할 때가 있다. 용기를 내어 자기방어의 방패를 내려놓자. 가면을 벗고 진정한 자신의 모습이 될 때 온전한 자아 성취가 가능하다. 왜냐하면 진정한 자신이 되기 위해, 남에게 거부당할지도 모를 위험을 용감하게 무릎썼기 때문이다.

3단계: 자기 운명의 사공이 되라

인생을 살다 보면 단순히 외부 변화에 수동적으로 단순 반응하며 살아가기 쉽다. 뚜렷한 인생 계획을 세우기보다 버스에 탄 승객이 버스에 몸을 맡기듯, 운명이 이끄는 대로 이리저리 살아갈 때가 많은 것이다. 오죽하면 사람들은 자신의 인생보다 휴가 계획을 더 꼼꼼히 짠다는 우스갯소리도 나왔겠는가!

그러다 보니 인생에 예기치 않은 일이 벌어져 단숨에 확고한 자아관이 성립되고, 자기 가치를 파악하게 되기를 바라는 것이다. 무슨 신기한 마술처럼 갑작스럽게 혜안이 열리면서 통찰력이나 지혜를 얻거나, 신비한 경험을 함으로써 한순간에 자신이 변모되기를 바란다. 그러나 문제는 단순히 독서나 세미나 참석, 심리 치료사와의 상담만으로는 자기 가치self worth를 발견할 수 없다는 것이다. 자기 가치를 찾는 일은 노력이 수반되는 과정이다. 변화하려는 희망을 품고, 여기에 필요한 희생을 아끼지 않아야 한다. 따라서 자아 완성이란 노력의 산물이다. 인생이라는 버스에 승객으로 타고 있어서는 결코 달성될 수 없다. 반드시 자신이 운전대에 앉아야 한다. 조지 버나드 쇼George Bernard Shaw는 『지옥에 빠진 돈 후안』Don Juan in Hell이라는 희곡에서 다음과 같이 정곡을 찌르는 결론을 내렸다. "지옥은 표류하는 것이고, 천국은 스스로 운항해 나가는 것이다."

자신의 운명을 책임지고 나서면, 그다음 어떤 인간관계를 맺을지 정해진다. 온전한 자아상을 발전시켜 나가지 못하고, 책임감이 없는 사람들은 형편없는 인간관계를 맺을 수밖에 없다. 어떤 인간관계를 맺어 나갈지 스스로 선택하지 못하고, 늘 남에게 끌려다니기 때문이다.

짝짓기 철을 생각해 보라. 어떤 동물들은 심지어 우리 인간보다도 더 나은 대인관계 기술을 보여 준다. 예를 들어, 암컷 펭귄은 짝을 선택할 때 자기에게 가장 먼저 접근해 교태를 부리는 수컷에게 그냥 응하지 않는다. 가장 적합한 짝을 만날 때까지 고집을 부린다. 아시아의 정글새 갈루스 암컷도 까다롭게 굴기는 마찬가지이다. 모시밑들이라는 곤충의 암컷 역시 그렇게 한다. 그러나 웬일인지, 우리 인간들은 어떤 인간관계를 맺을지에 대해 취사선택의 노력을 많이 기울이지 않는다. 그 이유는 그렇게 하려는 동기, 목적, 명확한 목표가 없기 때문이다.

건강한 인간관계를 맺기 위해서는 일단 자신의 정체성과 목표를 분명히 하고, 남과의 의리를 용기 있게 지켜 나갈 준비가 되어 있어야 한다. 자기 삶에 적극성을 가져야만 자기 인생에 대한 책임을 남에게 전가하지 않고 다른 사람과 인생을 공유할 수 있다.

자신의 운명을 스스로 개척하려는 결심이 섰으면, 그다음은 몇 개의 도구가 필요하다. 먼저 인생의 목적과 하위 목표들을 수립해야 한다. 목적이란 자신의 인생 항로를 설계하는 것이고, 하위 목표들이란 스스로 도달하고 싶은 인간상으로 인도해 주는 지도와 같은 것이다.

소위 '잘나가는' 기업들은 사명 선언문Mission Statement을 작성하여, 이에 따라 비즈니스 목적을 수립하고, 이를 기준으로 그해의 경영 성과를 평가한다. 그리고 일정 기간이 지나면 비즈니스 목표가 사명 선언문에서 벗어나지는 않았는지, 비즈니스 목적의식이 희박해지지 않았는지 점검하고, 사명 선언문이 새로운 현실에 맞아떨어지는지 평가해 새롭게 수정 보완한다.

우리 개인들도 이를 본받을 필요가 있다고 생각한다. 인생 선언문을 통해 제대로 목표 지점을 향해 나아가고 있는지 점검해야 한다. 그렇다면 인생 선언문은 어떻게 작성하는가? 여러 가지 방법이 있겠지만, 가장 근본적으로 해야 할 일은 "내가 인생에서 진정으로 원하는 것이 무엇인가?" 그리고 더 중요한 것은 "하나님께서 내 인생에서 원하시는 것이 무엇인가?"를 솔직히 자문하는 것이다. 인생에서 가장 바라는 것이 무엇인지를 결정하고, 그다음 이를 실현할 수 있는 구체적인 목표들을 수립하는 것이다.

하지만 목표만 정해 놓고 '거기에 충실'하지 않는 한, 결코 목표는 실현되지 않는다. 자신의 인생을 책임지기로 굳게 결심한 사람은, '만족 지연'delayed gratification의 묘미를 알아야 한다. 『나, 자기도취적인 미국인』Me: The Narcissistic American이라는 유명한 책에서 심리 분석가 애론 스턴Aaron Stern은 다음과 같이 탁월한 지적을 했다. "정서적으로 성숙한 단계에 이르려면 미래의 목표를 위해 눈앞의 만족을 사양할 줄 알아야 한다."[6]

'마시멜로 사탕 실험'을 들어 보았을 것이다. 1960년대에 스탠퍼드 대학의 월터 미셸Walter Mischel이 만 4살짜리 어린이들을 대상으로 행한 실험이다. "지금부터 마시멜로 사탕을 하나씩 줄 텐데 내가 잠시 나갔다 오는 동안 이것을 먹지 않고 기다리면 상으로 두 개를 더 줄게. 만약 그때까지 기다리지 못하면 사탕은 하나밖에 먹을 수 없고, 그럴 셈이라면 지금 바로 먹어도 괜찮단다."[7] 아이들에게는 무척이나 인내심을 요구하는 실험이 아닐 수 없다. 그러나 놀랍게도 약 15분에서 20분 동안(아이들에게는 영원의 시간처럼 느껴졌을 텐데도) 기다린 아이들이 있었다! 이 아이들은 손에 쥔 사탕에 마음을 뺏기지 않으려고 눈을 가리기도 하고, 노래를 부르기도 하고, 손발로 게임도 하고, 심지어 잠도 청하면서 기다렸다. 이렇게 해서 끝까지 참은 아이들은 두 개의 마시멜로 사탕을 상으로 받았다. 반면 즉각적인 만족에 마음이 급해져 끝내 기다리지 못한 어린이들은 대개 실험자가 방에서 나가기가 무섭게 마시멜로 사탕을 꿀꺽 삼켰다고 한다.

이 실험은 단순히 아이들의 성격만을 단편적으로 암시한 데 그치지 않고, 이들의 인생의 향방에도 많은 암시를 던져 주었다. 이들이 고등학교를 졸업할 무렵 다시 관찰한 결과, 실험자가 나가기 무섭게 마시멜로 사탕을 삼켜 버린 아이들은 문제아가 되거나 바람직하지 못한 성격을 갖게 된 경우가 많았다. 사춘기 동안 이들은 남들보다 더 수줍어하고 우유부단하며 쉽게 분노할 뿐만 아니라, 스트레스에 민감하고 남을 원망하는 성격을 갖게 되었다고 한다. 반면에 4살 때 눈앞의 유혹을 이겨 낸 아이들은 사춘기에 이르자 사회성이 뛰어나고, 어려움이 닥쳤을 때 포기하기보다는 도전하며, 좌절할 상황을 만나도 잘 대처해 나가더라는 것이다. 이들은 자신 있게 행동하고, 책임감이 있으며 믿을 만한 성격을 갖게 되었다고 한다. 요점은 이 아이들이 결국 자신의 목표를 달성하는 사람으로 성장했다는 것이다.

작가인 스캇 펙Scott Peck은 만족 지연을 다음과 같이 정의한다. "만족 지연이란 인생의 즐거움과 고통에 대한 시간 배정의 과정으로 고통을 먼저 경험하여 극복하고 그럼으로써 이후의 즐거움을 배가시키는 것이다."[8] 어떤 사람들은 기쁨과 고통의 시간을 배정하는 묘미를 조기에 터득하고, 어떤 사람들은 꽤 나이가 들어 터득하기도 한다. 전자에 속하든 후자에 속하든 상관없다. 중요한 점은 자아 성취를 위해서는 반드시 목표를 설정해야 하고, 그 목표들을 달성하기 위해서는 즉각적인 만족 충동을 지연할 줄 알아야 한다는 것이다. 이는 자신의 운명을 만들어 나가는 데 있어서 핵심적이다.

4단계: 하나님께 의지하라

자아 완성의 최종 단계는 바로 하나님께 의지하는 것이다. 하지만 이 단계까지 이르지 못하는 사람들이 많다. 앞에서 언급한 이전 단계들을 다 시행했을지라도, 다른 어떤 인간도 아닌 하나님께 의존함으로써 자신의 궁극적인 갈망을 해갈하는 법을 깨닫지 못한다면 인간관계의 최적 상태에는 이르지 못했다고 할 수 있다.

우리 모든 사람의 가슴 한편에는 온전함에 대한 갈망이 너무도 강하게 자리 잡고 있어서, 어떤 인간도 그 공허감을 지속해서 채워 줄 수 없다. 물론 천생연분인 배우자나 연인, 가족이나 친구들과 너무도 친밀한 순간들을 경험하고, 그 순간에는 자아가 온전해짐을 느끼게 되지만, 문제는 그 순간이 언제까지나 계속될 수는 없다는 것이다. 이는 마치 앨범 속의 사진과 같아서, 가끔 머릿속으로 회상하며 슬며시 미소 지을 수 있는 짧디짧은 순간에 불과할 때가 많다. 하지만 안타깝게도 모든 대인관계에서 이런 최고의 순간을 표준으로 삼거나 여타의 인간관계를 여기에 빗대어 판단하고, 심지어 자신의 가치까지 이를 기준으로 평가하려는 사람들이 뜻밖에 많다.

최근에 만난 J양과 C군이 바로 그러한 비논리적인 생각을 품고 있는 젊은이들이었다. 거의 1년 동안 사귀어 왔고 결혼을 고려 중인 그들이 우리 사무실을 찾은 이유는 서로 불안했기 때문이었다. 함께했던 즐겁고 행복한 순간들을 회상하는 그들의 모습에서 서로 얼마나 사랑하는지 느낄 수 있었으며, 그들이 자연스럽게 평생을 약속하는 사이가 된 것이 마땅해 보였다. 하지만 이토록 사랑하는 사이인데도 이들은 상대방에게서 자신이 차지하는 가치를 확신하지 못하고 불안해했다. J는 C의 스포츠에 대한 애착이 둘만의 시간보다 우선시된다고 말했다. C는 J의 바이올린 교습 때문에 둘만의 시간이 방해받는다고 생각했다. 한참 만에 혼란스러운 감정을 추스른 J는 "평생을 약속하기 전에 제가 저 사람의 인생에서 가장 중요하다는 것을 확인하지 않으면 안 돼요"라고 결론내렸다.

"저도 같은 심정입니다." C도 맞장구를 쳤다.

이렇게 느끼는 사람은 상당히 많다. 그들의 감정은 지극히 정상이다. 문제는 아무리 진지한 관계라도, 아무리 사랑하는 사이라도 우리의 '모든' 욕구를 '언제나' 충족시켜 줄 인간관계는 없다는 점이다. 우리는 그렇게 설계되지 않았기 때문에 언젠가는 그 영속성에 의문을 제기할 수밖에 없다. 친구와 가족으로부터 마음껏 사랑받고 있고, 특히나 열애에 빠진 사람들은 받아들이기 어렵겠지만, 이것은 자아 완성의 여정에서 결코 간과될 수 없는 엄연한 사실이다.

문제의 핵심은 바로 자기 가치personal significance이다. 인간이 자기 가치를 확인하고자 하는 욕구는 살과 피처럼 본능에 가깝다. 그 어떠한 육체적 욕망보다 실제적이라고 할 수 있다. 자기 가치를 확인할 수 있는 것이라면 물불을 가리지 않는 이유도 바로 이 때문이다. 사람에 따라 돈, 권세, 아름다움, 성공, 성취, 명예 등을 통해 이 욕구를 충족시켜 보려 하지만 결국 가장 심오한 만족감을 얻기 위해 대인관계에 눈을 돌린다. 그리고 욕구를 완전하게 충족시켜 줄 인간관계를 꿈꾸는데, 결국 J와 C처럼 아무리 서로 뜨겁게 사랑하는 관계라도 그 심오한 욕구를 영속적으로 채워 줄 수 없다는 사실에 괴로워한다. 부부들을 붙잡고 한번 물어보라! 아무리 부부애가 깊고 서로 충실한 남편과 아내라 할지라도 이러한 필요를 채워 주지 못할 때가 얼마나 많은지!

얼마 전 우리 부부는 싱가포르에서 개최된 한 콘퍼런스에 참석했다. 중간 휴식 시간에 래리와 레이첼Larry & Rachel Crabb 부부와 자리를 같이했는데, 이들은 바로 우리 부부의 결혼 생활에 결정적인 영향을 미친 『결혼 건축가』The Marriage Builder(두란노)[9] 등의 훌륭한 책을 쓴 저자들이다.

결혼 1년 차 시절에 우리 부부는 스스로 인정하고 싶지 않은 진실들을 이 책을 통해 많이 깨우쳤다. 이 책에서 지적한 대로, 부부는 배우자를 통해 자신이 얼마나 중요한 사람인지 확인받고 싶어 한다. 예를 들어, 남편인 레스는 무의식적으로 "나는 내가 얼마나 중요한 사람인지 느끼고 싶어. 당신은 내가 어떤 행동을 하든 나를 존경하고, 내가 어떤 선택을 하든 나를 지지함으로써 그런 내 욕구를 충족시켜 주리라 믿어. 나를 세상에서 가장 귀한 사람에 대해 줬으면 해. 내가 당신과 결혼한 이유도 당신을 통해 내 중요성을 확인하기 위해서야"라는 뜻을 전달하려 한다.

마찬가지로 아내인 레슬리는 "내가 바라는 만큼 깊이 사랑받아 본 적이 한 번도 없었어요. 당신이 따뜻한 애정을 통해 그런 내 욕구를 충족시켜 주세요. 내가 기분이 안 좋을 때나 당신의 요구에 민감하게 반응하지 못할 때라도 한결같이 나를 사랑해 줘야 해요. 나를 실망하게 하면 절대 안 돼요"라고 주장한다.

정말 인정하기 어렵지만 이와 같은 내면의 욕구가 있는 것이 사실이다. 우리 내면의 가장 깊은 욕구를 남편이나 아내가 언제, 어떤 경우든 채워 주리라 기대하고 거기 매달리는 것이다. 하지만 그것은 애당초 불가능한 일이다. 그 아무리 대단한 인간이라도 들어줄 재간이 없는 주문이다.

그렇다면 우리는 인간관계를 통한 순간적 만족감 사이에서 시계추처럼 왔다 갔다 해야 할 운명일까? 그렇지 않다! 사람과의 관계에서 때때로 실망과 좌절을 경험할지 모르지만, 하나님과의 관계에서는 그렇지 않다. 우리는 그분을 전적으로 의지할 수 있으며, 하나님은 우리 내면의 가장 깊은 요구를 언제나 실패 없이 채워 주실 수 있다. 이 점에 대해서는 '하나님과의 관계'에서 더 자세하게 다루겠지만, 하나님은 우리가 우울할 때나, 실수할 때나, 남에게 거부당할 때나, 가장 믿고 의지했던 사람에게 원하던 사랑을 충분히 받지 못할 때라도 우리를 지속해서 끝까지 사랑해 주실 수 있는 분이다.

하나님은 '사랑'이시기에 우리는 하나님의 사랑에 기댈 수 있다. 시편 저자는 "내 육체와 마음은 쇠약하나 하나님은 내 마음의 반석이시요 영원한 분깃이시라"고 노래했다.[10] 그리고 신약 성경에도 "하나님이 우리 안에 거하시고 그의 사랑이 우리 안에 온전히 이루어지느니라"[11]고 기록되어 있다. 이 진리를 진심으로 깨달을 때, 자아 완성에 대한 우리의 타는 듯한 열망은 해답을 발견한다. 자신의 상처를 치유하고, 가면을 벗어 던지고, 더 나아가 자신의 운명을 스스로 책임져 나간다면, 궁극적으로 우리의 온전함을 완성시키는 것은 하나님의 사랑이다.

나에게 던지는 질문

01. 항상 누군가 곁에 있어야 한다는 강박관념이 있는가?

02. 내가 온전해지기 위해서는 누구의 도움이 필요한가?

03. 기꺼이 나 자신을 남에게 알리고 싶은가? 약한 모습을 가리는 데 즐겨 쓰는 사회적 가면이 있다면 무엇인가?

04. 인간관계에서 견디기 힘들었던 고비는 언제였는가?

05. 자기 내면의 깊은 요구를 충족시켜 줄 수 있는 사람은 누구라고 생각하는가?

친밀한 관계 2

가족

우리가 태어나기 훨씬 이전에, 심지어 잉태되기도 전에 이미 부모에 의해
우리가 어떤 사람이 될지가 결정된다.
– 장 폴 사르트르(Jean-Paul Sartre)

이제 드디어 가족의 영향에서 멀리 벗어났다고
안도의 한숨을 쉬기 무섭게, 자기도 모르는 새 그 끈질긴 끈에
아직도 묶여 있음을 발견하게 되노라.

— 피터 콜리어(Peter Collier)

2장

가정, 그 길고 끈질긴 그림자

 엄마가 나를 실종 신고한 날의 소동을 아직도 나(레슬리)는 뇌리에서 지울 수 없다. 나는 그날 여느 때와 마찬가지로 하루를 시작했다. 단 한 가지만 빼면. 엄마는 내게 옷을 입혀주면서 오늘 '절대 잊어버리면 안 되는 일'을 재차 삼차 반복해서 일러 주셨다. 즉 "유치원에서 끝나는 대로 절대 다른 데 가지 말고 집에 곧장 돌아와서 엄마가 올 때까지 뒤뜰에서 혼자 놀고 있어야 한다"는 것이었다. 보통 때는 언제나 엄마가 집에 계시는데, 그날만은 엄마 아빠 모두 부득이한 일이 있어 나 혼자서 몇 분간 집에 있어야 한다고 했다.

 귀가 따갑도록 엄마가 일러 주신 것을 반복하느라 유치원에서 뭘 하는지도 모르게 시간이 지나갔다. 유치원이 끝나

자, 나는 빨리 집에 가서 엄마의 분부를 따르려고 마음이 바빠졌다. 그런데 우리 집 대문에 다다른 순간, 옆집 아줌마가 오시더니 "네 아빠가 조금 전에 전화하셨는데, 집에 오실 때까지 우리 집에 와 있으라고 하시더구나"라고 말했다. 그래서 나는 아줌마를 따라가 그분이 과자를 굽는 동안 인형 놀이를 하며 놀았다.

갓 구운 쿠키가 고소한 냄새를 풍기며 식고 있을 무렵, 나는 찢어지는 듯한 사이렌 소리를 들었다. 바로 우리 집 앞에서 엄마가 눈물 콧물로 얼굴이 뒤범벅된 채 내 사진을 경찰에게 흔들어 대며 설명하고 있는 것이 아닌가! 거의 동시에 아버지가 급하게 브레이크를 밟으며 차를 세우는 모습도 보였다. 내가 엄마 품으로 달려가는 동시에, 아빠 역시 나를 옆집 아줌마 집에서 기다리게 한 조치에 관해 설명했다.

"그런 얘기를 왜 내게는 한마디도 안 한 거예요?" 나는 엄마 품에 냉큼 안겨 집으로 들어갔고, 그날 최악의 부부 싸움을 목격했다. 나를 둘러싼 의사소통의 오류를 두고 부모님이 격렬하게 부부 싸움을 하시는 동안, 나는 내가 싸움의 원인이 되었다는 것에 대하여 심한 두려움에 떨어야 했다.

그 어릴 적 사건이 성인이 된 지금까지 끊임없는 반향을 일으킬 줄 누가 예상이나 했겠는가? 그때의 영향이 여전히 남아 있음을 실감한 것은 결혼한 지 2년이 지나서였다. 당시 우리는 남부 캘리포니아에서 대학원에 다니고 있었다. 평소와 달리 그날 나는 LA 공항으로 남편을 마중 나갔다. 남편과 미리 얘기한 대로 유나이티드 항공사 표지판 아래서 그를 기다렸지만, 좀처럼 그의 모습이 보이지 않았다. '또 의사소통 오류가 생긴 거야'라는 생각이 들자 나는 갑자기 엄청난 두려움이 엄습해 오는 것을 느꼈다. '아마 남편이 노발대발할 거야. 남편은 다른 장소에서 기다리는데, 내가 바보같이 잘못 알고 있는 게 분명해.' 온갖 초조하고 불안한 생각들이 밀물처럼 밀려왔다. 평소에는 매우 대범한 성격인 내가 그날만큼은 나 자신이 아니었다. 그러나 몇 분 후, 남편이 아무 일도 없다는 듯 환한 얼굴로 나타났다.

"도대체 어디에 있다 나타난 거예요?"

"한 층 밑에서 만나기로 한 줄 알았지." 그는 내 날카로운 반응에 영문을 몰라 대답했다.

"이제 두 번 다시 당신 마중 같은 건 안 나올 거야!"

"대체 왜 그래?" 남편은 놀란 얼굴로 되물었다.

나 자신도 왜 그러는지 알 수 없었다. 침묵 속에 공항을 돌아 나오는 내 눈에는 그저 눈물만이 한없이 흘러내릴 뿐이었다.

공항에서 집으로 돌아오는 동안 남편은 부드럽고 인내심 있게 내 감정을 꺼내 보이도록 유도했다(명색이 심리학자가 아니던가!). 우리는 의사소통 오류로 큰 오해를 불러일으켰던 이전의 사건들을 하나하나 새롭게 조명하기 시작했다. 그리고 그 최초의 불씨를 탐구하기 시작했으며, 그때 불현듯 깨달음이 일어났다. 바로 20년 전 나를 둘러싸고 엄마 아빠 사이에 있었던 의사소통 오류와 그로 인한 엄청난 싸움, 그것이 최초의 씨앗이었다! 그 사건이 20년이 지나서까지 내게 엄청난 영향을 미치고 있음을 그제야 깨달았다. 그 이후로 유사한 상황에 부닥칠 때마다, 나는 마치 보이지 않는 끈에 묶인 꼭두각시처럼 이유를 알 수 없는 부정적인 감정에 휩싸였다. 심리학자들은 이런 현상을 일컬어 '감정적 짐'emotional baggage이라고 부른다. 제아무리 건강한 가정에서 성장했다 해도, 이것에서 벗어날 수 있는 사람은 아무도 없다.

그도 그럴 것이, 가정만큼이나 인간관계의 근본 틀 형성에 지대한 영향을 미치는 것도 없기 때문이다.[1] 우리의 생각, 감정, 말, 행동 대부분은 가정에서의 상호작용을 통해 길러진 것이다. 물론 의식적으로는 가정에서 배웠던 가르침을 따르기도 하고 거부하기도 하지만 무의식의 차원에서는 스펀지가 물을 빨아들이듯 가정의 영향을 흡수한다. 여하튼 우리는 가정의 영향권에서 결코 벗어날 수 없다고 보면 된다. 직업 선택에서 결혼 상대를 택하는 일에 이르기까지, 정치적 성향에서 인생관에 이르기까지, 우리 삶의 거의 모든 부분은 어릴 적 가정환경의 영향 아래에 있다. 우리가 인식하든 그렇지 않든 간에.

가정이란 마치 작은 교실과 같다. 이곳에서 배운 대로 우리는 밖에서 행동한다. 남을 신뢰할지 안 할지, 단체 생활에서 남 앞에 나설지 조용히 있을지, 베푸는 사람이 될지 받기만 하는 사람이 될지에 대해 가정은 가장 영향력 있는 교사가 된다. 어떤 감정은 수용되고, 어떤 감정은 거부되는지 가정이라는 교실 안에서 배우는 것이다. 테오도르 리츠Theodor Lidz는 "바로 가정이라는 틀 안에서 감정 반응의 패턴과, 대인관계 스타일이 형성되고 이에 따라 모든 대인관계의 유형과 색깔이 정해진다"[2]고 했다. 우리의 모든 인간관계 패턴은 가정에서 성립된다는 사실을 이해하지 않으면 안 된다.

이 장에서는 의식적으로나 무의식적으로 우리가 가정에서 배운 것들과 그것이 우리의 인간관계에 미치는 영향을 알아보려고 한다. 내 경우, 잘못된 의사소통으로 겪은 소동이 이후 유사한 상황에서 '까닭 모를' 불안과 초조감을 겪게 했지만 그 연관성을 깨달은 후로는 더는 초조해하지 않고 대인관계에 악영향을 입지 않게 되었듯이, 다른 사람들도 마찬가지로 가족의 끈을 극복할 수 있으리라 본다. 일단 가정이라는 교실 안에서 우리가 전수받는 3R, 가정의 규칙Family Rules, 가정에서의 역할Family Roles, 가족관계Family Relationship를 살펴보고 자신에게 가장 유리하게 발전시켜 나갈 방법에 대해 알아본다. 마지막 부분은 부모의 이혼을 경험한 사람들을 위한 조언으로 마무리된다.

물보다 진한 피의 위력

어떤 형태로든 사람은 가정에서 출발한다. 통상적인 가정, 즉 부모님과 두세 명의 아이로 이루어진 가정에서 자랐을 수도 있고, 할머니나 큰누나의 손에 자란 사람들도 있을 것이다. 20년간 아버지의 얼굴도 모른 채 어머니가 아버지의 역할까지 하는 가정에서 자랐을 수도 있다. 부모님의 재혼으로 이복형제들과 함께 자랐을 수도 있다. 전형적인 가족이든 그렇지 않든 간에, 태어남과 동시에 당신은 가정의 영향을 지대하게 받는다. "세 살 버릇이 여든까지 간다"는 진리는 이토록 강력하다.

이런 경우를 생각해 보자. 갓 태어난 아기가 새벽 3시에 우렁차게 울어 댄다. 울음소리를 들은 어머니가 다가와 아이의 가슴을 토닥거리며 우유를 먹인다. 그리고 한 30분 동안 아이를 포근하게 안고 애정이 가득한 눈으로 바라보며 부드럽게 흔든다. 비록 한밤중이지만 아기를 따뜻하게 어르면서

조용조용 자장가를 불러 준다. 엄마의 눈에서 사랑을 확인한 아기는 다시 꿈나라로 간다.

또 다른 갓난아기가 새벽에 깨어난다. 하지만 아기에게 다가온 엄마는 온종일 일에 지치고 스트레스에 치인 데다가, 저녁때 아빠와 사소한 말다툼 끝에 급기야는 엄청난 부부 싸움을 하고 잠자리에 들었던 터였다. 엄마가 아기를 안아 올리는 순간 아기는 긴장감에 휩싸인다. "이제 제발 그만 좀 하자." 엄마의 성가신 목소리이다. 아기를 품에 안아 흔들지만, 엄마의 무표정한 얼굴엔 여전히 저녁때 부부 싸움하던 여파가 가시지 않은 듯하다. 엄마의 긴장감을 느낀 아기는 낑낑거리고 뻣뻣해지다가 더는 우유병을 빨지 않는다. "고작 이거 먹을 거면서 이 야단을 부렸어?"라고 엄마는 신경질을 내더니 아기를 아무렇게나 요람에 눕히고 방을 나간다. 아기는 혼자 울다 지쳐 잠이 든다.

이러한 종류의 상호 반응이 계속 반복될 경우 두 아기가 얼마나 다른 인생관과 대인관계를 갖게 되는지에 대한 연구 보고가 있었다.[3] 첫 번째 아기는 사람들을 믿고 의지하며 효과적으로 도움을 청하는 방법을 터득한다. 두 번째 아기는 다른 사람들이 자기에게는 신경조차 쓰지 않으며, 남에게 도와 달라고 해도 거절당할 것이 뻔하다고 생각한다. 물론 대부분의 아기는 이 2가지를 모두 경험하지만, 몇 해 동안 어느 쪽으로 더 강하게 취급받느냐에 따라 그 패턴이 강하게 자리 잡는다.

최근에 한 집에 초대를 받아 갔는데, 마침 이 집은 얼마 전에 5살짜리 아이를 위해 최신식 비디오 게임을 샀다. 저녁 식사 후 거실에 앉아 비디오 게임을 하는 아이를 지켜보았는데, 비디오 게임 자체보다 이 가정에 대해 많은 것을 시사하는 시간이었다.

아이가 비디오 게임을 하려는 순간 부모가 거의 동시에 거들고 나섰다. "그렇게 빨리하지 말라고 했지! 좀 더 오른쪽으로, 오른쪽으로!" 아이의 엄마는 초조하게 아이를 다그쳤다. 아이는 엄마가 시키는 대로 하려고 눈을 동그랗게 뜨고 스크린을 주시했다.

"한 줄로 정렬해야지!" 이번에는 아빠가 끼어든다. "한 줄로 세워서 쏴야 제대로 맞지!" 그는 아이의 리모컨을 낚아채려다 순간적으로 '이렇게 간섭하면 안 되지'라고 생각한 듯 손을 멈칫했다. 아이 엄마는 계속 불안한 기색으로 잠시도 멈추지 않고 눈동자를 굴렸다. "이제는 왼쪽으로 움직여야지. 왜 그걸 제대로 못 움직이는 거야. 거기서 멈춰, 멈춰!"

아이를 가운데 놓고 비디오 게임을 어떻게 해야 하는지 엄마 아빠의 말다툼이 시작되는 바로 그 순간, 아이는 아랫입술을 깨물며 리모컨을 아빠에게 줘 버린다. 아이의 눈에서 닭똥 같은 눈물이 뚝뚝 떨어진다. 한참 비디오 게임을 가지고 실랑이를 하고 나서 아이의 아빠는 엄마에게 리모컨을 던져 주며 말한다. "자기가 해 봐. 근데 애는 어디 간 거야?" 그제야 아이를 찾기 시작한다.

인정하고 싶지 않지만 바로 이 순간들이 아이가 가장 인상 깊게 가정교육을 받는 시간이다. 의도하지 않은 순간에 교육이 이루어진다는 점을 명심해야 한다. 의도적으로 교육한 순간과 결과는 다를 바가 없다. 그렇다면 그 아이는 무엇을 배웠을까? 아마도 자신은 혼자 해낼 수 있는 것이 아무것도 없으며, 다른 사람을 기쁘게 하는 일은 매우 어렵다는 것과 자신의 감정 따위는 아무도 신경 쓰지 않는다고 느꼈을 것이다. 비디오 게임 한 번으로 이런 세뇌가 이루어질까? 그렇지는 않다. 하지만 유사한 순간들이 아이의 유아기에 걸쳐 계속 반복된다면(엄마 아빠가 주기적으로 아이가 하는 일에 간섭하고, 절규하듯 목소리를 높이고, 인내심을 잃는다면), 매우 분명하고 지속적인 메시지가 아이에게 전달된다고 볼 수 있다.

정리해서 말하자면, 가족 간에 주고받는 사소한 상호작용을 통해 온갖 정서적인 메시지들이 아이에게 전달된다. 그리고 아이도 모르는 사이에 그 영향이 평생 계속되면서, 인간관계의 틀을 규정한다.

이번에는 무의식적으로 배운 가정교육과 그것이 나타내는

암묵적인 메시지들을 알아보자.

모든 가정이 공통적으로 가르치는 3R

어린 시절 암묵적으로, 혹은 공공연히 가정에서 받았던 교훈들이 마치 빛바랜 가족 앨범처럼 한구석에 잘 보관되어 있어서 원하는 때 꺼내 볼 수 있다면 얼마나 편리할까? 그렇다면 자신도 모르게 가족으로부터 어떤 영향을 받았는지 분석해 보기가 수월할 테니 말이다. 예를 들면, '이런 감정은 겉으로 드러내도 가족들이 수용해 주었다', '논쟁을 피하는 법', '친밀감을 표현하거나 숨기는 법', '교묘하게 남 원망하기' 등등.

안타깝게도 자신이 가정에서 무엇을 배우며 자랐는지 추적하는 것은 생각만큼 쉽지 않다. 그렇다고 마냥 어렵기만 한 것도 아닌데, 우리가 가정에서 배운 것들은 대체로 다음의 3R에 대한 교육이라고 볼 수 있다.

가정의 규칙(Rules)

어떤 가정이든 나름대로 규칙이 있다. 어떤 규칙들은 명확히 드러나기도 하지만 대부분 암묵적이거나 가족들의 무의식 속에서 작용하는 경우도 많다. 예를 들면, "남에게 도움을 요청해서는 안 된다"라고 대놓고 말하는 사람은 없을지라도, 작은아버지가 남의 도움 하나 없이 자수성가한 성공담을 계속 언급한다거나, 남에게 의지하는 것이 얼마나 어리석은 것인지 자꾸 이야기하는 가정에서는 무의식적으로 그런 메시지를 지향하는 태도가 생긴다. 한 가정의 규칙Family Rules은 무의식적으로 각 개인에게 각인되어 심지어 자기가 진정으로 원하는 것과 배치될 때에도 의사결정의 나침반 역할을 한다.

얼마 전 J가 찾아온 적이 있다. 석사 1년 차인 그녀는 매우 지적이고 열정적인 학생으로, 배우 지망생인 S와 사귀는 중이었다. S는 작은 매니지먼트 회사에서 시간제로 일하기 위해 고등학교도 중퇴했지만, 배우로서 수입이 시원찮아 식당에서 웨이터를 해서 생활비를 벌고 있었다. 십여 차례 데이트를 한 그들은 서로 진지한 연인 사이로 발전해 나가는 중이었다. S의 탁월한 유머 감각과 고민 없는 삶의 자세에 J는 푹 빠져 있었다. 그러던 중 크리스마스 연휴가 다가왔고, 그들은 함께 휴가를 떠날 계획을 세웠다. 바로 그때 J는 느닷없이 자신의 속마음과는 전혀 달리, "이제 우리 그만 헤어져"라고 예고 없는 선전 포고를 하고 말았다! 아무런 조짐도 없다가 그야말로 느닷없이 결별을 선언한 것이다. S만큼이나 그녀도 자신이 내뱉은 말에 놀랐지만, 일단 그 결정을 그대로 따르기로 했다. 이유를 설명하기 어려운 그녀의 갑작스러운 변심으로 두 사람의 쓰디쓴 이별은 가속을 받아 재빨리 진행되었다.

크리스마스 연휴가 끝난 뒤, 그녀는 우울하고 낙담한 얼굴로 내(레슬리) 사무실을 찾아왔다. "도대체 제가 왜 그랬는지 이해가 안 가요. S는 정말 괜찮은 남자였는데, 결국 저만 정신병자 꼴이 됐지 뭐예요." 그녀는 아직도 혼란스럽다는 얼굴로 사연을 털어놓은 뒤 그렇게 고백했다. 그녀가 털어놓은 말을 듣자니, S와 헤어진 것은 그녀의 본심이 아니었음이 분명했다. 문제는 자신도 이유를 알 수 없는 강박관념 때문에 그러한 행동을 했다는 것이다. 게다가 분명한 이유도 없이 사귀던 남자를 갑자기 차 버린 것이 이번이 처음이 아니었다. 그래서 우리는 그녀의 가정 배경을 자세히 살펴보기로 했다.

일단 나는 다음과 같은 질문으로 탐색을 시작했다. "데이트 상대자를 정할 때 가장 신경 쓰는 가족이나 친구는 누구예요?"

"질문을 받고 나니까 말인데요. 사실 제가 누구와 데이트하는지 우리 아버지는 한 번도 관심을 표현하신 적이 없어요. 하지만 아버지야말로 제가 가장 신경 쓰는 사람인 것 같아요. 제가 사귀는 사람을 아버지가 탐탁해하지 않으실까 봐 거의 까무러칠 정도거든요."

가정 배경을 살펴보니, 그녀가 갑작스럽게 S와 헤어지려고 결심한 데는 가정 내에 흐르는 암묵적 규칙이 크게 작용했음을 알 수 있었다. 의사인 그녀의 아버지는 매우 절도 있고 성취욕이 높은 분으로서, 아버지 앞에서는 온 가족이 꼼짝도 못 했다. 매우 친절한 성품이지만 감정 표현은 극도로 자제하는 편이고, 나약한 모습을 보이거나 애정 표현을 하는 경우가 드물었다. 그녀 가정의 제1 규칙은 이것이었다. "아버지에게 도전하지 말라. 그리고 언제나 무슨 일이 있어도 아버지를 기쁘게 하라." 그렇다면 두 번째 규칙은 무엇일까? "인생을 어떻게 살든 간에 일단 최상의 교육을 받아라."

객관적인 눈으로 들여다보면 너무도 금방 드러나는 규칙이었건만, J는 세상에 태어나 처음으로 이 점을 깨달은 눈치였다. 왜 그토록 갑자기 S에게 매력을 느끼게 되었으며, 동시에 왜 그와 급속도로 가까워지는 것을 꺼려했을까? 다름 아니라 아버지가 그어 놓은 보이지 않는 경계선을 넘나들었기 때문이다. 아버지를 기쁘게 해야 한다는 잠재적 욕망이, 성인이 되어 사랑할 사람을 스스로 선택하려는 욕구와 충돌한 것이다. 자기도 모르게 가정의 암묵적 규칙(그녀도 모르게 자신에게 체화되고 내재한)에 따라 행동해 왔음을 불현듯 깨달은

J는 그녀의 인생과 대인관계에 대해 지각 있는 결정을 내리기로 했다. 그 뒤 그녀가 S에게 모든 것을 설명하고 다시 데이트하게 되었다고 들었다.

당신의 경우는 어떠한가? 당신의 가족들은 어떤 가정 규칙에 따라 움직이는가? 상담에서 가장 흔하게 듣는 규칙들은 다음과 같다.

- 자신의 감정을 있는 그대로 드러내지 말라.
- 감정을 숨기지 말고 표현하라.
- 분명히 의사 표시를 하라.
- 언제나 잠자코 있으라.
- 무슨 수를 쓰든 논쟁에서 이기라.
- 가능하면 타협하라.
- 남을 믿기 전에 일단 검증부터 하라.
- 남의 시선을 끄는 일을 하지 말라.
- 자신의 성취를 남들에게 드러내라.
- 항상 웃어라.
- 늘 자신의 감정에 솔직하라.

이러한 목록은 끝이 없다. 하지만 정작 중요한 것은 자기 자신의 리스트에 어떤 것들이 들어 있는지 파악하는 것이다.

잠시 시간을 내어 자기가 자란 가정 내의 암묵적 규칙들을 생각해 보고, 그것이 어떻게 자기 인생에 영향을 끼치는지 살펴보자.

가정에서의 역할(Roles)

20대 초반의 J군이 하루는 내(레슬리) 사무실에 불쑥 찾아왔다. 몇 년 전 그를 가르친 적이 있는데, 항상 우스갯소리를 연발하는 그런 학생이었다. 그런데 내가 "이게 웬일이야! 오늘은 무슨 농담을 해 줄 건데?"라고 한마디 던지자, "박사님, 오늘은 농담 같은 거 할 마음이 없어요"라고 대답하는 것이 아닌가. 이런저런 가벼운 얘기를 나누다 보니 그가 상당히 달라졌음을 느낄 수 있었다. 그의 눈에는 눈물이 그득했다. 몇 초 동안 눈을 떨구고 아무 말도 못 하더니, 한숨을 깊이 들이쉬고 속내를 털어놓았다. 성공 가도를 달리던 큰형이 최근 교통사고로 죽었다는 것이다. 워낙 낙천적인 성격으로 조그만 가게에서 아르바이트나 하며 지내 왔던 그는 갑자기 '큰아들 겸 외아들'이라는 무거운 위치에 앉게 되었음을 느꼈다. 그의 미래관도 완전히 바뀌었다.

J는 형이 갑작스럽게 죽기 전에는 가정의 귀염둥이 '기쁨조'였다. 하지만 이제 가정 내에서의 그의 역할은 재조정이 불가피했고, 이 때문에 그는 예기치 않은 정체성의 위기를

겪었다. 그의 인생관, 직업관, 그동안 미루던 결혼 문제도 완전히 다른 시각으로 다가왔다. 그의 꿈도 바뀔 수밖에 없었다. 엄청난 책임감이 몰려왔다.

당신이 맡은 가정에서의 역할Family Roles은 무엇인가? 가정이라는 드라마 속에서 어떤 역을 맡았는가? 다음 사례를 참조하여 자신의 역할에 가장 가까운 것을 찾아보자.

- **문제 해결사**: 문제여, 오라! 해답은 내게 있노라!
- **희생양**: 온 식구가 내게 연민과 동정을 보낸다.
- **구조대원**: 다른 사람을 보호하기 위해 물속에라도 기꺼이 뛰어든다.
- **코미디언**: 내가 있는 곳에는 언제나 웃음꽃이 활짝!
- **중재자**: 분쟁이 있는 곳에는 언제나 평화의 화신으로!
- **치유자**: 상한 마음이여, 내가 감싸 주고 싸매 주리라.
- **비밀 유지자**: 일단 들으면 내 입은 자물쇠!

자신의 역할을 잘 묘사하는 표현을 찾아보자. 다른 가족 구성원들의 역할에 비추어 보면 자신의 역할을 좀 더 명확히 조망해 볼 수 있다. 가족 내에서 자신의 역할에 만족한다면 좀 더 자신 있게 그 임무를 수행해 나가게 될 것이고, 그렇지 않다면 필요에 따라 가장 적합한 역할을 만들어 나가야 할 것이다.

가족관계(Relationships)

대인관계에 대한 가정의 학습 방법 중 가장 강력한 것은 바로 '보고 그대로 따라 하는 것'이다. "아이는 어른의 거울"이라는 말처럼 아이가 부모를 보고 따라 하는 것만큼 좋은 학습법이 사실상 없다. 어떻게 느끼고, 어떻게 사고하고, 어떻게 행동하는지 아이들은 자기가 본 그대로 답습하는 것이다. 이렇게 학습한 것 중에는 성인으로 성장한 후 대인관계에 도움을 주는 것도 있지만 그렇지 않은 것들도 많다.[4] 다음과 같은 다양한 사례들을 한번 생각해 보자.

R군의 어머니는 그가 12살 때 중풍에 걸렸고, 기력이 너무 약해서 옷도 스스로 입을 수 없었다. R은 어릴 적부터 아버지가 어머니를 육체적으로나 감정적으로 많이 도와주시는 모습을 보며 자랐다.

B군은 감정을 제대로 표현하지 않는 부모님 슬하에서 자랐다. 부모님끼리도 신체적 접촉이 거의 없을 뿐만 아니라, 잠자리에 들기 전 '뽀뽀'조차도 해 주지 않는 분위기에서 성장했다.

A군은 매우 감정 표현이 많은 가정에서 자랐다. 식구 하나하나가 자신의 감정을 숨기지 않고 화내고, 소리치고, 손가락질한다. 누가 울분을 터뜨려도 그것에 신경 쓰거나 왜 그러는지 이해하려는 사람은 없었다. 이것이 가족 나름대로 울화

를 푸는 방법으로 인식되었다.

이 세 사람은 아마 각각 다른 고유의 행동 패턴을 습득했으리라 예상된다. 십중팔구 그렇게 되었을 것이다. 사람은 모두 가정이라는 틀 안에서 인간관계의 모델을 배운다. 애정이나 분노를 표현하는 법, 이야기하거나 경청하는 법, 싸움을 피하거나 해결하는 법 등을 배운다. 간단히 말해 인간의 상호작용을 스펀지같이 흡수하게 되는 곳이 바로 가정이다.

나(레스)는 다행히도 매우 따뜻하고 다감한 가정에서 자랐다. 두 형과 우애 있게 지냈으며, 부모님의 애정도 매우 깊다는 것을 느끼며 자랐다. 하지만 자라면서 부모님이 공공장소에서 애정을 표현하시는 것을 본 적이 거의 없었다. 집에서는 키스도 하고, 껴안기도 하고, 손도 잡았지만, 애정 표현을 자주 하시거나 공공장소에서는 하시지 않았다.

대학생이 되어 레슬리와 데이트를 하게 될 때까지는 그 점에 대해 별로 깊이 생각해 본 적이 없었다. 어느 날 학생 식당에서 저녁을 먹으려고 줄을 서 있는데, 그때 그녀가 내게 키스를 했다! 그것도 뺨에만 살짝 한 것이 아니라 입술에 진하게 키스를 했고, 주변의 사람들이 보는 앞에서 했다! 나는 도저히 믿어지지 않았다. 내 얼굴은 순식간에 빨개지고, 그 창피함이란 이루 말할 수 없었다. 그렇다고 그녀에게 뭐라고 한마디 쏘아 줄 수도 없는 노릇이었다. 어색하게 웃으며 왜 이리 줄이 빨리 안 줄어드는지 모르겠다며 투덜댔다.

그날 저녁 우리가 무슨 대화를 나누었을지는 안 봐도 뻔할 것이다. 공공장소에서 키스하는 것은 내 행동 모델에 포함되지 않았고, 가정교육 커리큘럼에 없던 내용이다! 그녀와 나는 한참 동안 이 문제에 관해 이야기했지만, 결혼한 지 10여 년이 넘은 지금까지도 나는 여전히 공공장소에서 키스하는 게 맘 편하지 않다. 부모님께 전수받지 않았기 때문일까? 아마 그럴지도 모른다. 영국의 정치가 체스터필드Chesterfield 경의 말처럼 "우리 존재의 50%는 모방"이니까!

당신은 가정에서 어떤 대인관계 모델을 전수받았는가? 애정 표현이나 갈등 해소법에 대해서 어떻게 가르침을 받았는가? 이와 같은 점들을 정리해 봄으로써 다시 한 번 자신이 자란 가정이 대인관계에 얼마나 지대한 영향을 미치는지 실감하게 될 것이다.

그렇다면 그다음은?

"깨달음이 약"이라고 주장하는 사람도 있고, 이 말은 자주 맞아떨어지기도 하지만, 여기서만은 꼭 그렇지도 않다. 자신의 대인관계에 가정이 어떤 영향을 미쳤는지를 깨닫는 데 그쳐서는 결코 안 된다. 알기만 하고 거기서 그쳤을 때 매우 위험한 2가지 현상이 나타날 수 있기 때문이다.

첫 번째 부작용은 그저 깨닫고 거기서 그쳐 평생 체념하는 태도로 사는 것이다. 가정의 흔적이 자신의 삶에 어떤 발자국을 남겼는지 파악했지만 손 놓고 그곳에 그대로 머물러 있는 것이다. '이미 일어난 일, 이제 와서 어쩌랴'라는 체념적인 자세로 어릴 적 받은 가정의 영향 그대로 자신의 대인관계를 이끌어 나간다. 이럴 때 적합한 우화가 있다.

숨 가쁘게 말을 몰아 지나는 사나이에게 한 농부가 물었다. "지금 어디로 가는 겁니까?" 그러자 사나이는 뒤돌아보며 "내게 묻지 말고 이 말에게 물어보시오!"라고 대답했다.

자신의 대인관계가 가정이라는 학습장을 통해 어떻게 형성되었는지 깨닫고도 그저 그 영향 속에 계속 머물러 있는 것은 정신없이 달리는 말에 매달려 가는 꼴과 같다. 아무리 자신의 통제 범위 밖에 있는 것처럼 느껴질지라도, 다시 한번 말고삐를 쥐고 관계의 운명을 개척해 나가자. 절대 체념할 필요는 없다. 왜냐하면 우리 자신은 양육의 산물 그 이상이기 때문이다. 단지 부모의 작품이라는 틀을 벗어나 인내로 자신의 삶을 이루어 나갈 때 앞으로 어떤 사람이 될지 결정된다.

두 번째 부작용은 첫 번째보다 훨씬 심각하다. 가족이 전수해 주거나 전수해 주지 않은 가르침에 대해 가족을 원망하는 것이다. 우리는 그런 경우를 너무도 많이 목격해 왔다. 물론 가족 때문에 큰 상처를 받은 사람도 있고, 실제로 개선의 여지가 많은 가정일 수도 있다. 육체적·정서적 학대를 입은 사람이라면 그의 깊은 상처와 아픔은 감히 상상하기 어려울 정도이다. 따라서 한순간에 과거를 잊고 깨끗이 새 출발 하라고 아무렇지도 않게 얘기하는 것은 아니다. 다만 한 가지 확실히 말할 수 있는 것은, 가정환경이 아무리 나쁘다손 치더라도 습관적으로 가정에 대해 원망과 한을 품고 있으면, 자신이 그토록 고치고 싶어 하는 가정의 인습을 고치기는커녕 더 강화할 뿐이라는 점이다. 그러니 제발 원망의 악순환에 빠지지 말라고 당부하고 싶다. 그런 걸림돌에 걸려 넘어지기에는 당신의 잠재력이 너무도 아깝다.

여하튼 문제의 핵심은 각 개인의 대인관계는 가정을 시발점으로 한다는 것이다. 건강하고 행복한 가정에서 자란 사람들은 자신이 얼마나 행운아인지 깨닫고 부모에게 감사할 일이다. 만약 불행한 가정에서 자랐다면, 그 마음의 폐해를 바로 청산하고 그 그림자 속에서 벗어나도록 노력하자. 가정에서 배운 좋은 교훈은 간직하고 나쁜 것들은 뒤에 버리고 앞으로 떠나자.

이 장을 마무리하기 전에 한 가지 덧붙여 말하고 싶은 것이 있다. 이혼한 부모를 둔 경우, 대인관계에 어떤 영향을 받는가에 대한 것이다. 해당 사항이 아닌 사람들은 다음 장으로 바로 넘어가도 좋다. 만약 부모의 이혼으로 가정이 무너지는 쓰라린 경험을 한 사람이라면, 다음 글이 위로가 될 것이다.

부모가 이혼한 경우

미국에서는 연간 수만 명의 어린이가 부모의 이혼을 경험한다고 한다. 마치 고등학교 졸업이나 운전면허 취득만큼이나 부모의 이혼이 하나의 통과의례가 된 것이다. 현재의 이혼율이 지속된다면, 18살 청소년의 40% 정도는 부모의 이혼을 경험하게 될 것이라는 게 전문가들의 견해이다.

부모가 이미 이혼했다면 위와 같은 통계치가 전혀 위로가 안 될 것이다. 내(레슬리) 부모님도 몇 년 전 이혼하셨고 나는 아직도 그 충격에서 벗어날 수가 없다. 부모님의 이혼 과정을 겪으며, 나 자신의 대인관계 또한 미궁 속으로 빠지는 것을 경험했기 때문이다. 내게 피와 살을 물려주신 바로 그분들이 더는 결혼생활을 유지할 수 없다고 하시니, 내게도 이혼 유전자가 전수되지 않았나 의심할 수밖에 없었다.

이혼 가정에서 자란 아이들이 그렇지 않은 가정의 아이들보다 성장 후 이혼할 확률이 높다는 연구 보고도 있었다. 전문가들이 연구한 바로는, 이혼 가정의 자녀들은 부모의 이혼에 대해 풀리지 않는 의문점을 가지고 자신의 결혼에 임하고, 그 문제가 부부관계에 악영향을 미친다고 한다. 이혼한 부모를 둔 사람들에게 도움이 될 만한 조언을 해야겠다고 생각한 것도 바로 이 때문이다. 한 가지 조언을 말하고, 그다음 피해야 할 3가지 '덫'에 대해 경고할 생각이다.

일단 조언을 먼저 말하면, "부모가 이혼했다고 해서 당신도 이혼할 운명은 결코 아니다"라는 점을 명심하라는 것이다. 부모가 이혼했으니 자신에게도 이혼의 피가 흐르고 있지는 않은지 의심해서는 안 된다. 그러기 위해서는 부모의 이혼의 여파를 솔직하게 수긍해야 한다. 가장 좋은 방법은 부모와 각각 따로 만나, 성인 대 성인으로 그들의 이혼 사유를 듣는 것이다. 물론 어떤 판단을 내리거나 잘못을 바로잡거나 편을 들기 위한 만남이 아니다. 부모 각자의 이야기를 들어봄으로써 정보를 수집하는 것이다. 부모와 이야기하다 보면 그들의 생각을 바로잡고 그들의 의견에 저항하고 싶은 충동을 느낄 수 있으나, 절대 그런 일은 삼가야 한다. 부모를 따로따로 만나는 이유는 명확하게 각자의 이야기를 듣기 위함이다. 각자의 입장에서 이혼한 사유를 듣고 정리하다 보면, 무엇 때문에 파경을 맞았는지 실마리를 얻게 되고, 이를 참고로 자신의 이혼을 예방할 수 있다.

물론 부모와의 이런 대화가 상당히 어렵다는 점은 인정한다. 엄청난 자제력과 인내심, 용기가 필요한 일이다. 하지만 그 고통의 대가로 자기 자신과 앞으로의 대인관계가 훨씬 견고해질 수 있기 때문에, 그만한 가치는 충분히 있다.

이제는 이혼한 부모를 둔 자녀들이 빠지기 쉬운 3가지 함정에 대해 경고하겠다. 얼마든지 인간관계를 틀어지게 만들 수 있는 덫이니 조심해야 한다.

첫째, 까닭 모를 분노를 조심하자. 일단 부모의 이혼으로 가정이 깨지고 나면 한동안 슬픔과 분노를 경험하는데, 그 시간이 지나고 나야 어느 정도 안정이 된다. 하지만 정작 화낼 사람이 아닌데 화를 내고, 화낼 일도 아닌데 화를 낸다면, 부모 이혼의 후유증으로 자신의 감정 조절 능력에 이상이 생겼는지 재점검해야 한다. 단란했던 가정이 산산조각이 났다면, 당신은 충분히 화낼 만한 이유가 있고, 분노가 반드시 나쁜 것만은 아니다. 그러나 분노에 휩싸여 자신뿐 아니라 대인관계가 해를 입지 않도록 특별히 조심해야 한다.

둘째, 충돌 기피증을 조심하자. 부모의 이혼을 경험하고 나면, 남과 사소한 마찰이라도 될 수 있으면 피하려는 경향이 짙어진다. 괜히 상대와의 마찰을 불러일으킬까 봐 자신의 의견이나 불쾌감을 전혀 표출하지 않고 묻어 두는 습관이 생길 수 있다. 물론 이런 자세는 건강하지 못하다. 진솔하고 즐거운 대인관계를 위해서는 자신에게 솔직해야 한다. 가끔 상대와 의견 충돌을 빚거나 마찰이 생긴다고 반드시 관계가 나빠지는 것도 아니다. 오히려 그 반대일 수도 있다. 문제에 직면하여 허심탄회하게 서로 이해하면 더 친해질 수 있다. 언제나 자신의 본심에 충실하자.

마지막으로, 자존심의 추락을 조심하자. 부모가 이혼하면 자존심에 타격을 받는 것은 당연지사이다. 한동안은 우울증에 시달릴 수도 있다. 성인이 된 후 부모가 이혼해도 그 고통은 마찬가지이다. 자식 때문에 이혼한 것이 아니므로 자기 탓이 아님을 잘 알지만, 가정이 파괴되었다는 사실만으로 자아상에 타격을 입고 방어적이 되며, 심지어 자신을 무가치한 존재로 느낄 수도 있다. 십중팔구 이는 예정된 것이므로 반드시 조심하기 바란다. 부모의 이혼이 자기 탓이라는 비논리적인 생각이 머리 한구석에 스며 들어와 당신의 자존심을 조금씩 갉아 먹는 일이 없도록 조심하자.

우리의 현재와 미래는 결코 과거에 의해 결정되지 않는다. 부모의 이혼을 경험한 사람도 얼마든지 건강하고 행복하고 유대감 강한 부부관계를 이끌어 갈 수 있음이 여러 연구에서 확인되었다. 이에 대해서는 의심의 여지가 없다. 따라서 이혼의 여파로 인한 고통을 솔직히 받아들이고, 까닭 모를 분노, 충돌 기피 성향, 자존심 추락 등의 문제에 빠지지 않도록 미리 조심한다면 당신이 가장 두려워하는 '이혼의 답습'을 확실히 피해 갈 수 있으리라 믿는다.

가정에 대한 생각거리

01. 내 인생에 가장 지대한 영향을 미친 것이 가정이라는 데 동의하는가?

02. 내 가정은 내 성격, 진로, 대인관계, 가치관에 어떤 영향을 미쳤는가?

03. 아직도 나를 감싸고 있는 '가정의 영향권'이 있다면 무엇인가?

04. 가정에서 배운 규칙, 역할, 관계(3R) 중 내 인간관계에 가장 큰 영향을 미치는 것은 어떤 요소인가?

05. 이혼은 앞으로 자녀들의 대인관계에 어떤 영향을 미치는가?

사회적 환경 탓에
남성과 여성은 전혀 별개의 두 문화를 형성하며,
그들은 완전히 다른 삶을 경험하게 된다.

— 케이트 밀럿(Kate Millet)

3장

남성과 여성, 그 벽을 넘어서

 평상시와 다름없던 어느 날, 매우 평범한 젊은 여인이 사무실로 찾아와 의자를 당겨 앉으며 말을 던진다. "도대체 제가 뭘 잘못하길래 남자들에게 자꾸 차이는지 모르겠어요. 제가 너무 요구 사항이 많은 걸까요? 아니면 너무 요구하는 것이 없는 걸까요? 정말 뭐가 뭔지 모르겠어요. 남자들은 정말 까다로워요."

 같은 날 몇 시간이 채 안 되어 이 여인과는 전혀 상관이 없는 평범한 젊은 남자가 사무실을 찾아와 그녀와 똑같은 상담 의자에 걸터앉아 다음과 같이 토로한다. "여자란 도대체 이해할 수가 없어요. 제가 뭔가 잘못하고 있는 게 분명해요. 그렇지 않고서야 여자랑 이렇게 안 맞을 수가 있을까요?

여자들은 정말 까다로워요."

매우 흔한 광경이다. 세상의 남자들과 여자들은 그토록 열심히 접촉을 시도하건만, 번번이 서로 이해하지 못하고 혼돈 속에 빠진다. 한 번 고압 전선의 뜨거운 맛을 경험하고 피하는 동물들처럼, 이성에 상처받은 남녀들은 또다시 이성으로부터 오해와 거부를 당할까 봐 두려움에 떤다. 그리고 멀찌감치 서로 거리를 둔다.

이성 간의 장벽은 아주 어릴 적부터 쌓이기 시작한다. "쟤는 여자애랑 논대요" 또는 "쟤는 남자애랑 논대요"라는 놀림을 받으면서부터 이들은 따로 놀기 시작한다.[1] 어린이들의 우정에 대한 어떤 연구에서 3세 아동의 약 50% 정도가 이성 친구와 논다고 대답했고, 5세 아동은 20%, 7세 이후로는 이성과 노는 아이들이 거의 없는 것으로 나타났다.[2] 이렇게 벌어진 남녀의 세계는 사춘기 때나 되어야 비로소 교집합을 이룬다. 이런 상황에서 남자는 여자를 이해하지 못하고, 여자는 남자를 이해하지 못하는 것이 어쩌면 당연한 일이 아닌가?

이 장에서 다루는 내용은 여성이든 남성이든 이성을 사귈 때 느끼는 수수께끼들을 풀어 나가기 위해 고안되었다. 수천 년에 걸친 이성의 수수께끼를 고작 몇 페이지의 지면에 풀어낼 수는 없는 노릇이지만, 그 장벽을 뛰어넘으려는 독자들에게 정확한 길잡이가 되었으면 하는 바람이다.

단도직입적으로 말해서 "남녀가 함께 있어도, 사실상 거기에는 두 개의 세계, 즉 남자와 여자의 세계가 각각 존재한다." 그렇다면 과연 이 두 세계는 어떻게 다를까?

너무나 다른 두 세계

남자들은 눈 감고도 지도는 척척 잘 판독해 내면서 왜 자기 양말 짝은 제대로 못 찾는 것일까? 그 이유는 남자의 유전자 조직에서 찾아볼 수 있다. 예컨대 남자와 여자는 현실 인식 방법이 다르다고 한다.

어느 대학에서 실시한 실험에서, 감독관은 학생들에게 안대를 씌우고 대학 건물들을 연결하는 지하 터널로 데려가 미로처럼 이리저리 지나게 했다고 한다. 한참 미로를 헤맨 뒤 여학생들에게 특정 대학 건물의 위치를 묻자, 대부분의 여학생은 맞추지 못했다. 반면 똑같은 질문에 남학생들은 별 어려움 없이 답했다. 꾸불꾸불한 지하 미로 속에서 안대를 착용하고도 남자들은 확실한 방향 감각과 체내 컴퍼스를 활용하여 건물의 위치를 척척 맞추었다. 그럼 일단 남성들에게 1점 추가!

또 다른 대학 실험에서는 학생들로 하여금 책상이 다닥다

닥 붙어 있는 방에 앉아 실험이 '준비되는 동안 대기'하도록 했다. 한참이 흘렀다. 학생들은 기다리고 있었지만, 사실상 이들에 대한 실험은 이미 진행 중이었다. 얼마 후 학생들은 그들이 잠시 앉아 있던 대기실에 대해 묘사해 보라는 주문을 받았다. 실험 결과 남학생들은 기억하는 것이 별로 없었다. 심지어 자기 바로 앞에 놓인 책상조차 묘사하지 못했다. 반면에 여학생들은 방 안에 있던 사물들을 매우 섬세하게 기억했다. 통상 여자들은 상호 연관성이 전혀 없고 무작위적인 복잡한 패턴에 대해 남성보다 무려 70%나 더 잘 기억해 낼 수 있는 것으로 나타났다. 그럼 여성들에게 1점 추가! 그런데 대체 그동안의 점수는 누가 기억하고 있단 말인가? 나중에 언급하겠지만, 점수를 매기는 독자는 대부분 남자일 것이다.

이 외에도 많은 실험에서, 여성과 남성은 일관성 있게 전혀 다른 수행 능력을 보여 주었다. 마치 과학자들이 일거에 남성과 여성의 차이를 밝히느라 분주해진 것처럼 보일 정도였다. 이를 통해 놀랄 만한 결과도 많이 나타났다.

그렇다면 왜 갑작스럽게 남성과 여성의 차이에 대한 연구 보고가 쏟아지는 것일까? 1970년대는 여성 운동의 영향으로 남녀 간의 선천적 차이에 대해 운운하는 것이 거의 금기시되었다. 남자와 여자가 다르다는 것을 지적하는 연구는 거의 자기 밥그릇을 내놓는 것이나 다름없는 위험한 발상이었다. 건축이나 엔지니어링의 분야에서 남성 위주가 된 것은 사회적 압력의 결과이지 호르몬의 결과가 아니라는 주장이 대세였다. 그리고 여성들이 주로 사회에서 육아를 맡게 된 것은 별다른 대안이 주어지지 않았기 때문이라고 성토되었다. 따라서 남녀 차별주의가 철폐되면, 세계는 완전히 공평한 사회가 될 것이라는 주장이 제기되었다. 그러나 문제는 단순히 남녀 간의 차이를 무시하려고 하면 할수록, 남녀 간의 선천적 차이에 대한 증거들이 속출하고, 이제는 남녀 성별의 차이점을 인정할 수밖에 없는 상황이 되어 버렸다. 더 나아가 그 차이점이 전적으로 양육 방식의 차이나 사회의 고정관념 탓이 아니라, 그 이상의 심오한 원인 때문이라는 연구 결과가 속출하고 있다.

"남녀의 차이는 선천적인가 후천적인가"nature-nurture debate라는 열띤 논쟁을 과학자들이 전혀 염두에 두지 않은 것은 아니지만, 남녀의 근본적인 차이 중 일부는 명백한 생리학적 요인임을 인정하는 분위기이다.[3] 예를 들면, 남녀는 두뇌 자체가 다를 뿐만 아니라, 뇌를 사용하는 방식에도 차이를 보인다. 남성들과 비교하면 여성들은 우뇌와 좌뇌 영역 간에 좀 더 빈번하고 많은 '교류'가 이루어진다. 남성들보다 여성들이 뛰어난 어휘 구사력과 대인관계 직관력을 가진 이유가 바로 여기에 있다. 반면 남자들의 두뇌는 더 분석적이어서 추상적 논리 전개와 시공간적 능력이 강화되어 있다. 시인 로버트 블라이Robert Bly는 "여성의 뇌는 '고속도로' 같은 연결망을 가졌지만, 남성의 뇌는 '울퉁불퉁한 시골 길'처럼 연결되어 있다"[4]라고 표현하였다.

남자들이 삼차원의 물체를 머릿속으로 빙빙 돌리면서 생각할 수 있고, 여자들은 사진을 들여다보며 사진 속 인물의 감정을 읽을 줄 안다고 치자. 그렇다면 대체 그런 차이점들이 이성관계에 무슨 직접적인 영향을 미친다는 것일까? 이렇게 의문을 제기하고 싶은 사람이 많을 것이다. 아주 당연한 이 질문에 대해 우리는 이렇게 답하고 싶다. 남녀 간의 사회적·생물학적 차이점들을 전혀 고려하지 않고 이성의 행동을 자신의 기준에 맞춰 평가하다 보면, 당신은 결코 의미 있는 이성 교제를 발전시켜 나갈 수 없다. 왜냐하면 상대방을 자기와 똑같은 사람으로 만들려고 억지를 쓰기 때문이다. 이것은 이성관계에서 범하는 가장 근본적인 오류이다. 남녀 간의 차이를 심리적·생물학적 차이로 분석하지 않고 단순한 의사소통의 장애로 돌려 버리는 오류이다.

자, 이제 문제가 무엇인지 알았으니, 이성 간의 벽을 허무는 해답은 과연 무엇인지 궁금할 것이다. 여성이냐 남성이냐에 따라 그 해답은 달라진다. 먼저 남녀가 각각 알아야 할 이성에 대한 상식을 살펴보자.

남자에 대해 여자가 알아야 할 것들

이 글을 읽는 여성 독자들이 건강한 이성관계를 맺을 수 있도록 나(레슬리)는 몇 가지 조언하고 싶다. 남성과 사귀는 데 필요한 정답이 있는 것은 아니다. 사실 남녀관계란 정답이 있다고 하기에는 매우 많은 신비의 베일에 싸여 있기 때문이다. 다만 나 자신을 비롯해 다른 수많은 여성에게 큰 도움이 되었던 몇 가지 사실을 공유하고자 한다. 대부분은 여성과 다른 남성의 특징들이고, 예외 없는 법칙이란 없지만, 이성 간의 장벽을 뛰어넘기 위해 꼭 알아 두어야 할 차이점들이다.

남자는 감정에 둔하다

상대방 남자가 정서적으로 어떤 도움이 필요한지 알아내기 위해 여성들이 안테나를 쫙 펴려는 순간, 남자들은 탐색 레이더를 피하려 한다. 이 점에 여성들은 적지 않게 놀란다. 그러나 여성들이여! 남자들은 상대적으로 여성들보다 감정 어휘력이 훨씬 부족하다는 사실을 염두에 두도록 하자! 그들의 감정의 깊이가 얕아서가 아니라 자신이나 타인의 감정 상태를 표현하는 데 있어서 여자보다 서투르기 때문이다.

이렇게 된 원인은 남성들이 양육되어 온 방식에서도 찾을 수 있다. 최근의 연구 조사에 따르면 부모가 아들보다는 딸에게 자신의 감정(분노 제외)에 대해 더 많이 털어놓는다고 한다.[5] 그러다 보니 자연스럽게 성인 남자들은 감정을 나타내는 어휘를 여자보다 적게 사용하고, 자신의 감정을 억누르는 경향을 보인다고 한다. 여기서 요점은 남자들은 남의 감정은 물론 자기 자신의 감정조차 여자들만큼 빨리빨리 파악해 낼 수 없다는 것이다!

남자는 여자보다 독립적이다

'남성학 개론'Male Development 101에서 배우는 교훈은 이런 것이다. 어린 시절 남자들은 엄마와의 차이점을 파악하고 엄마로부터 독립하려는 데서 자아 정체성을 발달시킨다. 엄마에게서 벗어나 자신이 남성임을 입증해야 한다는 강박감을 가지고 성장한다. 또 억압에 대한 탈출구로써 다른 남자들과의 유대감을 형성하고, 일(또는 스포츠)에 맘껏 집중할 수 있는 자유를 갈구한다. 그러나 남자들이 엄마나 사랑하는 여인에게 숨 막혀 하는 것보다 더 심하게 괴로워하는 것은 남에게 의존하는 느낌이다. 남자가 남자이기 위해서는 자기만의 공간이 필요하다. 그뿐만 아니라 자아관이 약한 남자일수록 도망치려는 욕구를 더 강하게 갖는 법이다. 그러니 여성들이여! 애인이나 남편이 당신의 손을 꼭 잡고 당신이 얼마나 그에게 필요한 존재인지 고백하기를 기대하지 말라. 그가 당신을 꼭 필요로 하는 것은 사실이지만, 그 사실을 입으로 인정하는 것은 자신의 남자다움에 너무도 큰 위협이 되기 때문에 차마 이를 시인하려 들지 않는다. 이 점을 이해하고 스스로 위로하라.

남자는 여자보다 추상적이다

여자들은 자신의 감정, 두려움, 경험 등에 대해 서로 이야기를 많이 나누지만, 남자들은 생각이나 관념, 이론에 대해 줄곧 얘기한다. 남자들은 자기가 아는 것에 관해 얘기하고 싶어 한다. 마치 인류학자가 망치와 채굴기를 들고 땅속을 파헤치듯, 남자들은 이런저런 정보를 수집하려고 대화를 한다. 그들은 사실을 수집하고, 의견을 토의하며, 논리적인 대화를 함으로써 문제를 해결한다. 사회학자인 드보라 테넌Deborah Tannen은 이런 추상적인 남자들의 대화 방식을 "보고형 대화"[6]라고 명명한 바 있다. 그들은 틀이 딱 잡힌 대화를 하므로, 여자들처럼 목적이 아닌 수단으로 대화하는 것에 그다지 흥미를 느끼지 못한다. 물론 여성들이 사랑하는 남자에게 내면의 두려움, 느낌, 경험 등을 얘기할 수는 있겠지만, 같은 여자에게서 느끼는 수준의 경청 자세를 그들에게 기대하면 곤란하다.

여자에 대해 남자가 알아야 할 것들

남자를 이해하기 위해 여자가 알아야 할 몇 가지 중요한 핵심이 있듯이, 남성에게도 운명의 여성과 좀 더 쉽게 관계를 진척시켜 나가는 데 필요한 몇 가지 조언이 있다. "모든 여자는 과학"이라고 존 돈 John Donne 은 말한 바 있다. 여성들에게 무엇이 필요하며 남성들과 어떻게 다른지 차분히 살펴보면, 공통분모가 되는 꽤 많은 규칙을 발견할 수 있다. 레슬리가 앞서 말했듯이 예외 없는 규칙은 없겠지만, 남자와 여자의 근본적인 차이를 정리해 보면 다음과 같다.

여자는 독립적인 것보다 함께 있는 것을 좋아한다

솔직히 남자들에게는 황량한 초원의 '말보로 맨'Malboro Man 이미지에 대한 신비로운 동경심이 있다. 매우 구태의연한 비유처럼 들리겠지만, 그 누구의 구속도 받지 않고 자유롭게 황량한 초원을 누비는 카우보이의 고독하고 '사나이다운' 이미지 앞에 남자들은 꼼짝 못 한다. 반면 여자들은 왜 남자들이 자유 수호에 목숨을 거는지 이해하지 못한다. 오히려 여자들은 하버드 대학의 캐롤 길리안(Carol Gilligan) 교수가 명명한 "관계망"(a web of connectedness)[7]을 형성하는 데 치중한다. 남성들의 경우 자기 독립심이 위협받는 것을 끔찍이 두려워한다면, 여성들은 관계의 결렬을 두려워한다. 그런 까닭에 남성들이 얼마나 절실히 '자기만의 공간'을 필요로 하는지 여성들이 100% 이해할 것을 기대해서는 안 된다. 또한 남자가 홀로 있는 것을 여자가 로맨틱하게 여길 것이라고 기대하는 것도 무리이다. 자기 자신과 이성관계를 위해서 남자들이여, 한 가지를 실천하자. 아무리 혼자서 황량한 초원을 자유롭게 거닐고 싶을지라도, 제발 입술을 지그시 깨물고 여성에게 "같이 있어 줘서 너무나 고마워"라고 말하라.

여자는 남자보다 현재와 '바로 여기'를 중시한다

'미래란 남자들이 대부분의 시간을 보내는 곳'이라고 누군가 정의한 적이 있다. 물론 꼭 들어맞는 사실은 아니지만, 여자를 겪으면 겪을수록 그 점이 더 사실로 다가온다. 남자들이 더 나은 미래를 위해 계획을 세우고 문제를 해결하는 데 집중하는 반면, 여자들은 지금 현재 발생하는 일, 현재 자기와 상대가 느끼는 감정에 집중한다. 이들이 현재의 감정과 경험에 초점을 맞추는 이유는, 이를 기반으로 상호 유대감이 형성되기 때문이다. 남자들은 그동안 벌어진 일과, 앞으로 어디로 향하게 되는지에 대해 '보고'를 할 뿐이지만, 여성들은 지금 당장 '친밀한 관계'를 형성하는 데 훨씬 더 많은 관심을 둔다.[8] 요점은 다음과 같다. 남성들이여, 여자와 함께 미래에 대한 문제를 해결하고자 한다면, 일단 시간을 내어 지금 현재 그녀의 감정 상태를 잘 파악한 다음 괜찮으면 얘기를 꺼내도록 하라.

여자는 남자만큼 경쟁을 좋아하지 않는다

소년기에 남자아이들은 집단으로 모여 승부 겨루기를 하며 논다. 경쟁이란 그들이 벌이는 놀이의 다른 이름일 뿐이다. 반면 소녀들은 친한 친구끼리 모여 서로 충돌은 최소화하고 협동을 극대화하는 놀이를 한다. 이 현상은 성인이 되어서도 계속된다. 남성들은 자신의 논지를 관철하고 등수를 매기며 대화에서 지지 않으려고 하지만, 여성들은 서로 우애롭게 지내기 위해 우열 가리기를 삼간다. 이것이 저것보다 낫다고 할 수는 없지만, 각각 장단점이 있다. 남성들이여! 사랑하는 여성과 좋은 관계를 유지하기 원한다면, 그들의 협동심을 존중하고 그런 자세를 거슬리지 않도록 해야 한다.

이성 간에 좋은 관계를 구축하기 위해서는 단순히 서로

차이점을 인식하는 데서 그치지 않고 이를 인정해 주는 것이 중요하다. 예를 들어, 여성들은 남자들이 감정 표현을 잘 못 하고 독립성향이 강하며 분석적인 사고를 한다는 것을 이해하고 이를 존중해 주어야 한다. 마찬가지로 남성들은 여성들이 상호 의존적 대인관계를 중시하고 현재를 중시하며 경쟁보다 협동을 높이 산다는 점을 이해하고 존중해 주어야 한다.

어떤 사람들은 남녀가 다름을 확실하게 인식하지만 그 차이를 아예 제거하려는 오류를 범한다. 하지만 그런 노력은 보나 마나 결과가 뻔하다. 남녀가 똑같이 사고하고 느끼고 행동하게 하더라도 남녀의 근본적인 차이는 없어지지 않는다. 남녀가 다르다는 것은 분명한 사실이다. 차라리 남녀의 차이를 명백히 인식하고 서로 이해하려고 노력하는 것이 이성관계의 성공률을 높여 준다.

이성 간의 우정은 가능한가?

일리노이의 한 대학에서 있었던 일이다. 이성 간의 차이에 대해 강의를 마치고 우리는 교단에서 내려서려던 참이었고, 수업을 들었던 학생들 몇 명이 질문하려고 모여들고 있었다.

그때 한 남학생이 불쑥 다가와 이렇게 질문을 던졌다. "여자와 남자가 로맨틱한 사이로 발전하지 않고 그냥 친구로 지낼 수는 없다고 보십니까?"

그러자 갑자기 대강당이 쥐 죽은 듯 고요해졌다. 막 문을 나서던 학생들조차 되돌아서서 우리가 어떤 대답을 하는지 기다렸다. 머릿속에서 생각나는 대로 바로 답을 해 주고는 "자네들은 어떻게 생각하는가?"라고 학생들에게 질문을 던졌다. 그 뒤 거의 1시간이 넘도록 우리는 교단의 한 귀퉁이에 앉아서 십여 명의 학생이 벌이는 열띤 토론을 들으며 우리의 의견을 간간이 제시했다.

몇 년 전에 있었던 이 일 후로도 자주 이런 질문을 받아왔기 때문에 아무래도 이 장을 마무리하면서 언급해야겠다. 우리는 이성 간의 우정에 대한 십여 개의 연구 논문과 여론조사를 살펴보았다. 또 이성 간의 우정이 가능하다는 쪽과 그렇지 않다는 쪽이 팽팽하게 맞선 토론을 수없이 들었다. 따라서 양쪽의 논지를 우리가 아주 잘 안다고 믿어도 좋을 것이다.

먼저 남녀의 우정이 매우 아름다운 발상이기는 하나 불가능한 일이라는 주장을 살펴보자.[9] "남녀의 우정은 언젠가 다른 방향으로 발전하게 되어 있다"라는 게 그들의 주장인데, 궁극적으로 로맨스로 발전하거나 그렇지 않으면 우정 자체가 시들해지고 만다는 것이다. 물론 일리가 있는 말이다. 남녀의 사랑 이야기는 끊임없이 영화의 단골 소재로 등장하지만 남녀의 우정을 지속적이고 독립적인 유대관계로 묘사하는 작품은 거의 없다. 남녀 간의 지속적이고 헌신적인 우정을 그린 소설이 대체 몇 편이나 되는가? 심지어 세간의 호평을 받았고 수많은 사람으로 하여금 이성 간의 우정에 대해 논쟁을 벌이게 했던 "해리가 샐리를 만났을 때"When Harry Met Sally조차도 결국 새로운 형태의 로맨스로 인식되고 있지 않은가? 빌리 크리스털과 맥 라이언의 귀엽고 명랑한 우정은 좀 더 진지한 사랑으로 발전하기 위한 전초전에 불과하다는 것이 그들의 주장이다.

다른 한편, 남녀의 우정 성립 여부를 묻는 것 자체가 우습다면서 이성 간의 우정은 당연히 존재 가능하다고 주장하는 측이 있다. 이들의 주장도 매우 설득력이 있는데, 이들의 말을 들어 보면 남녀의 우정이 로맨스로 발전하는 사례가 오히려 이례적인 일로 느껴지기까지 한다.[10] 이들은 그럴 가능성을 아예 일축해 버린다. 이성 간의 우정을 옹호하는 남자들은 "제일 친한 친구 중에 여자도 끼어 있다"라고 말한다. "그녀를 한 번도 야릇한 감정으로 생각해 본 적이 없다"는 게 그들의 주장이다. 마찬가지로 이성 간의 우정을 옹호하는 여성은 "남자 친구는 여자보다 단순해서 좋다. 운동 등을 같이

하면서 그냥 재미있게 놀면 된다"라고 말한다.

이성과 '단순한 친구'로 지내는 사람들을 대상으로 비공식적으로 집계한 여론 조사 결과에 따르면, 이성 간의 우정을 긍정적으로 말하는 의견이 상당히 많았다. 수없이 많은 남자가 여자를 친구로 사귐으로써 동성 친구에게서 느낄 수 없는 보살핌을 받는다고 대답한다. 예를 들면, "여자인 친구와 함께 있으면 더는 사나이다운 척하지 않아도 된다. 친구에게 나의 약한 부분을 있는 그대로 보여 줄 수 있고, 그녀도 이를 그대로 수용한다." 마찬가지로 남자를 친구로 가진 여자에게 질문하면 "여자와는 전혀 다른 남성의 관점을 얻을 수 있다"라고 대답한다.

문제는 이성 간의 우정을 통해 여자들은 남자만큼 친밀감을 느끼지 못한다는 점이다. "가장 친한 친구 중 남자도 끼어 있다"라고 고백하는 여자들조차도 그들과의 괴리감을 느낀다.[11] "남자애들과 재미있게 지낼 수 있고, 때로는 그들로부터 위로와 도움도 받을 수 있지만, 여자 친구와는 많이 다르다. 여자 친구에게 말하듯 그 친구와 대화를 시도하면 늘 실망한다." 그렇다면 이성 간의 우정을 통해 남자들이 얻는 것이 더 많은 것일까? 언뜻 보면 그렇게 보일 수도 있다. 하지만 여성들 또한 다양한 삶을 경험하는 등 장점이 많다.

결국 남녀의 우정에 대한 우리의 대답은 "예"인가? 거의 그렇다. 그러나 솔직히 말하면 "때에 따라 다르다"가 답이다. 인간관계치고 딱 떨어지게 간단한 것은 없는 법이니까! 아마 독자들은 이렇게 질문하고 싶을 것이다. "그럼, 딱 잘라 어떤 때 달라지는가?" 그것은 이성 간의 우정을 원하는 당사자들이 어느 정도까지 관계를 발전시켜 나가기를 원하는지에 달려 있다. 이성 간의 우정을 제대로 지키기 위해서는 서로 동성 친구가 제공할 수 없는 장점을 제공해 주어야 한다. 예를 들어, 남자는 여자와의 우정을 통해 좀 더 자유롭게 자기의 감정을 표현하고, 자신의 약점은 있는 그대로 드러냄으로써 좀 더 부드럽게 이성 간의 우정을 다져 나갈 수 있다. 반면 남자 친구들과 느끼는 '사나이들 간의 동지애'를 크게 기대해서는 안 된다. 여자의 입장에서는 이성 간의 우정을 통해 자신의 독립적이고 이성적이고 거친 면모(여자 친구들에게는 감추고 드러내지 않았던 부분)를 표출할 수 있다. 하지만 여자 친구들과 느꼈던 감정적 교류나 밀도 높은 친밀감 등을 남자 친구에게서 기대하는 것은 무리라고 할 수 있다.

"이성 간의 우정이 성립할 수 있는가?"에 대해 예, 아니요의 답을 못내 듣고 싶다면, 우리는 "예"라고 답할 것이다. 물론 이성 간에도 우정이 성립하지만 동성 친구로부터 얻을 수 있는 것과는 차원이 다르다는 토를 재빨리 달겠지만 말이다.

내 이성관계에 던지는 질문

01. 이성과의 관계(연애관계 제외)에 대해 잠시 생각해 보자. 어떤 면에서 이성을 대하는 것이 동성을 대하는 것보다 쉬운가? 이성을 만날 때 가장 큰 장애물은 무엇인가?

02. 어린 시절 했던 놀이나 사회적 활동 중 자신의 성 역할에 영향을 미친 것들에는 무엇이 있는가? 과거를 돌아보았을 때 환경적 영향을 더 많이 받았는가, 아니면 태생적 영향을 더 많이 받았는가?

03. 이 장에서는 남녀가 서로 이성에 대해 알아야 할 점들을 다루었다. 이 리스트에 더 덧붙이고 싶은 항목들이 있다면 무엇인가?

04. 여성은 대화를 통해 '친밀감'을 느끼고 남자는 대화를 통해 '보고'를 한다는 점에 대해 어떻게 생각하는가?

05. 자신의 기준에 맞춰 이성을 뜯어고치려고 하면 서로 관계를 해치게 된다는 점에 공감하는가? 이성 간의 서로 다른 특질을 수용하고 이를 인정하기 위해서는 어떻게 해야 할까?

친밀한 관계 3

친구

"친구가 무엇인가요?"라고 묻자,
그는 "한 영혼이 두 몸에 깃들어 있는 것이다"라고 답했다.
– 아리스토텔레스(Aristotle)

인생의 가장 좋은 감미료는 우정이다.
이를 최고로 감칠맛 나게 하기 위해서는 비법이 필요한데,
이 비법을 알고 있는 사람은 그리 많지 않다.

- 조지프 에디슨(Joseph Addison)

4장

목숨도 아깝지 않은 친구

3살 때였다. 그때 교회 유아실에서 만난 꼬마 친구와 30년이 넘도록 우정을 나누게 될 줄 나는 상상조차 하지 못했다. 나는 당시 K집사님의 무릎에 착 달라붙어 놀고 있는데, 처음 보는 여자아이가 문에 '짠' 하고 나타났다. 그 당시 찍었던 빛바랜 사진을 보면 고수머리를 양 갈래로 묶어 어깨까지 찰랑찰랑했는데, 사실 당시에 내 눈에 확 들어온 것은 그 아이가 신고 있던 꽃분홍 운동화뿐이었다. 왜냐하면 그것은 당시 여자아이들의 생일 선물로 최고의 인기를 누리던 운동화로, 내가 신고 있던 것과 완전히 똑같았기 때문이다!

그렇게 우리는 운동화로 얽혀져 깔깔대고 놀기 시작했다. 우리는 순식간에 동지애를 느꼈고, 유아기 시절 가장 친한 친구로 지냈으며, 중고교 여름 캠프에서 한 텐트를 썼고, 대학교 기숙사에서는 룸메이트로, 결혼식에서는 들러리로 우정을 이어 나갔다. 지금 그녀는 시카고에서, 나는 시애틀에서 살지만, 한 주가 멀다 하고 전화를 하며, 서로의 인생에서 중요한 순간에는 늘 함께한다. 그녀야말로 목숨도 아깝지 않은 친구라고 할 수 있다.

물론 어린 시절에 이와 같은 우정이 얼마나 소중하며, 인생에서 얼마나 찾기 어려운지 어찌 알았겠는가? 누구나 이렇게 소중하고 드문 마음의 벗이 한두 명 있을 것이다. 설문 조사에서 절친한 친구로 꼽을 사람이 한 명도 없다고 대답한 사람은 응답자의 7%에 불과했다.[1]

사람들이 말하는 친구의 형태는 마치 피라미드의 모습을 띤다. 해마다 새롭게 만나는 수많은 사람이 가장 밑바닥을 차지하고, 그다음 정기적으로 만나는 '핵심적인' 친구들이 중간에 위치한다. 피라미드의 맨 윗부분에는 한두 명으로 구성된 가장 절친한 친구가 위치한다. 이들은 우리 삶에서 매우 밀접한 일부분을 차지하며, 그들의 이름은 머리가 아닌 마음속에 새겨져 있다. 우정이 왜 그토록 가치 있는 것일까? 친구관계에서 만족도를 최고로 높이고, 새로운 우정의 굳건한 토대를 만들 수 있는 법도 있을까? 건강한 토대 위에 세워지지 않은 우정은 언젠가 불어닥치게 될 인생의 폭풍우,

즉 친구가 가장 필요할 때 그것을 견디어 내지 못하고 무너지기 마련이다.

친구는 왜 필요한가?

사회가 내리는 가장 잔인한 형벌은 고문 다음으로 독방 감금이 아닐까? 천지 창조 이야기에서도, 창조주 하나님은 가장 먼저 인간을 만드시고, 그 즉시 우리의 사회성에 대해 한 말씀 하셨다. "사람이 혼자 사는 것이 좋지 아니하니."[2] 우리는 대부분 혼자보다는 누군가와 함께 있기를 좋아한다. 그리고 말할 것도 없이 단순히 누군가와 함께 있는 것보다는 마음이 맞는 친구와 함께 있는 것이 훨씬 좋다. 그 이유는 헤아릴 수 없이 많다. 17세기 철학자 프랜시스 베이컨Francis Bacon은 우정의 엄청난 장점을 다음과 같이 표현했다. "기쁨은 배가 되고, 슬픔은 반이 된다." 친구와 함께하면 일상적인 일들, 장을 본다든지 점심을 먹는다든지 할 때 특별한 재미를 발견할 수 있다. 좋은 친구는 우리의 고통을 줄여 주고 무거운 짐도 가볍게 해 준다. 베이컨의 말처럼, 친구야말로 기쁨은 배가 되게 해 주고, 슬픔은 반으로 줄여 주는 사람이다. 그뿐만 아니라 우리를 강하게 하고, 필요한 자양분을 주며,

개인적 성장을 돕는다. 그리고 우리도 모르는 사이에 문자 그대로 '목숨'까지 구해 줄 수 있다!

그게 무슨 뜻인지는 최근 우정에 대해 보고된 흥미로운 연구 결과를 보면 알 수 있다. 좋은 친구를 두는 것은 단순히 영혼에 좋을 뿐만 아니라 건강에도 좋다는 결론이 나왔다.[3] 친구는 우울증을 예방해 주고, 면역 체계도 강화해 주며, 콜레스테롤 수치도 낮게 해 준다. 또한 심장 질환으로 말미암은 사망률을 낮춰 주고, 스트레스 호르몬을 정상 수준으로 유지하게 해 준다.[4] 손꼽히는 의학 연구 논문에서 이러한 점들이 발견되었다. 이 연구는 비만, 흡연, 음주, 운동과 같은 다른 조건이나 습관과는 무관하게 진행되었다.[5] 심지어 이들 연구에서는 좋은 친구를 사귀면 수명도 늘어날 수 있다는 결론이 내려졌다.

그렇다면 도대체 어떤 친구가 좋은 친구이고 어떤 친구가 나쁜 친구인가? 이를 구별하는 방법은 무엇인가? 일단 잘나갈 때만 곁에 있는 친구가 나쁜 친구임은 우리 모두 익히 아는 바이다. 해가 쨍쨍 날 때만 같이 있다가 어둠이 깔리면 가버리는 친구는 모두 나쁜 친구이다. 한 현자는 다음과 같이 지적했다. "부자에게는 친구가 많지만 가난뱅이는 친구조차 외면한다."

그 외에 나쁜 친구에는 지나치게 간섭을 많이 하는 친구,

남으로부터 받기만 하려는 친구, 늘 징징거리기만 하는 친구 등이 있다. 늘 받아가려고만 할 뿐 친구가 자기에게 투자한 것을 한 번도 거두게 하는 법이 없는 사람은 좋지 않은 친구이다. 또 마치 엄마같이 모든 것을 다 아는 척하며 숨 막히게 하는 친구도 좋지 않은 친구이다. 이들은 묻지도 않았는데 늘 이래라저래라 조언하며 결코 상대의 말은 들으려고 하지도 않는다. 단언하건대 친구는 결코 가족이 아니며, 프로젝트도 아니고, 심리 상담사도 아니다. 친구는 어디까지나 친구이다. 그리고 친구는 결코 한 명이 아니라 다수로 존재한다.

아리스토텔레스는 친구를 3가지 유형으로 분류했다. 첫째, 유용한 친구. 사업에 대한 성취욕이 강하고, 진취적인 유형의 사람들끼리 자신의 수익성 증대를 위해 사귀는 친구들이다. 둘째, 쾌락을 위한 친구. 함께 어울려 놀기 위한 친구들이다. 셋째, 완전한 친구.[6] 아리스토텔레스는 처음 2가지 유형의 우정을 얕팎한 토양에서 자라난 "한정적이고 피상적인 우정"이라고 불렀다. 반면에 마지막 유형의 친구는 상대방의 좋은 성품을 동경해서 맺어진 우정이기 때문에 만족도가 매우 높지만 매우 드물다고 말했다. 좋은 친구는 몇 안 된다는 사실을 다시 한 번 확인할 수 있다.

이 몇 안 되는 좋은 친구들은 2가지 형태로 존재하는데,

어떤 형태가 되었건 우리에게 똑같이 기쁨과 만족을 주는 친구들이다. 2가지 유형이란 바로 '길동무'와 '마음의 벗'이다.

길동무

내 고등학교 단짝인 D는 정말 정신없는 친구였다. 그래서 그를 참 좋아했다. 그는 언제나, 정말 언제나 나를 웃게 하였다. 쇼핑하러 갈 때나, 공원에서 농구를 할 때나, 주일학교 예배 때나, 심각하기 그지없는 교련 시간에나, D만 한번 힐끔 쳐다보고 나면 웃음이 절로 나와 견딜 수 없을 정도였다. 도저히 웃음을 참을 수 없어 교실에서 쫓겨난 적도 몇 번 있었다. 그러나 그와 나는 단지 낄낄대기만 하는 사이는 아니었다. 우리는 밤낮을 가리지 않고 온갖 것에 대해 대화를 나누었다. 팝 뮤직과 시사 문제에서부터 시작해 인생의 의미에 대해서까지. 두려움, 미래에 대한 걱정, 우리의 관계에 대해서도 자주 매우 깊이 있는 얘기를 나누었다. 결코 가벼운 사이가 아니었다. 우리는 말 그대로 질풍노도의 사춘기를 함께 겪었다. 전우처럼 우리는 서로 의지하며 학창 시절을 지냈다. 그러나 여정이 끝나자 우리의 우정도 그만 시들해져 버렸다. 졸업과 동시에 나는 고등학교 때 그토록 단짝 친구로 지냈던 D를 만날 수 없었다.

한때 그토록 활짝 피었던 우정이 왜 머나먼 기억 속으로 사라져 버렸을까? 이렇게 끝나 버린 우정은 나쁜 우정이었단 말인가? 그렇지 않다. 아무리 좋은 친구 사이라 할지라도 덧없이 지나가 버릴 수 있음에 대해 제임스 미치너James Michener는 그의 소설 『센테니얼』Centennial에서 다음과 같이 표현했다. "이들과 함께 영원히 말을 달리고 싶었지만 그는 그렇게 할 수 없었다. 함께 달려오던 길이 끝나 버렸으니 이제 일행은 헤어져야만 했다."

맞는 말이다. 어떤 우정은 당연한 말로가 예정되어 있다. 수십 마일씩 함께 소 떼를 몰면서 아슬아슬한 순간을 함께 넘기고, 화톳불 앞에서 커피를 나누어 마시던 카우보이들처럼 가던 길이 끝나면 자연스럽게 우정도 끝나는 친구들이 있는 법이다. 그들이 헤어져야 하는 이유는 서로에 대한 관심이 부족하거나 불만이 있어서가 아니다. 단순히 함께 가던 길이 끝나 버렸기 때문이다. 갈 길을 다 왔으니 이제 서로 각자의 길을 가며 새로운 친구를 만날 수밖에.

이러한 우정을 결코 실패한 우정이라 불러서는 안 된다. 전혀 그렇지 않다. '길동무'로서 이들과 나눈 우정은 평생을 함께하는 '마음의 벗'과 같은 강도로 인정할 필요가 있다. 똑같이 소중하기 때문이다. 우리는 길동무 없이는 인생을 살아나갈 수 없다. 그들 덕분에 인생의 특정 구간을 잘 헤쳐 나갔으니 고맙게 생각해야 한다. 물론 나도 고등학교 친구 D처럼

(지금도 그의 사진을 보면 웃음이 나온다) 특정 기간에 함께 길을 갔지만 그 후 연락하지 않고 지낸 친구들이 있고, 이를 후회할 때가 있다. 때로는 이 빛바랜 우정을 다시 회복할 방법은 없을까 궁리하기까지 한다. 그러나 이미 연락이 끊긴 지 오랜 친구들을 지금 만난다 해도 그다지 공동의 관심사를 찾기 어려울 것이다. 우리의 *끈끈한* 우정은 자연스럽게 과거에 묻히고, 훈훈한 추억 외에는 되돌릴 것이 없게 된 것이다. 하지만 우리의 인생 여정을 즐겁게 해 주고, 커다란 만족감을 준다는 점에서 길동무들의 중요성을 결코 간과해서는 안 된다.

마음의 벗

내게는 6명의 마음의 벗이 있고, 그들을 보면 내 인생을 대략 알 수 있다. 어릴 적부터 함께 지내 온 이들은 내 두 형보다도 나에 대해 많은 것을 안다. 그들은 나의 가장 절친한 친구들이다. 나의 상태 변화를 꿰뚫고 있을 뿐만 아니라 가족사까지 훤히 알고, 내가 잘나갈 때나 형편없이 지냈던 때를 모두 지켜본 친구들이다. 길동무와 달리 이들은 길이 끝났음에도 우정을 계속 유지해 온 친구들이다. 오랫동안 보지 못하거나 멀리 떨어져 있더라도 우리의 우정은 계속 이어진다. 자서전을 쓴다면 공통으로 복사해서 오려 붙이기를 할 게 너무 많을 정도이기에 우리의 유대관계는 더욱 공고해지고 계속 우정의 길을 가게 되었다. 수없이 지칠 줄 모르고 얘기해 온 덕분에 입만 벌려도 서로 척 알아듣는다.

이 친구 중 가까이 사는 친구는 한 명도 없지만, 결혼식에서 상봉하거나 일 때문에 지방에 갈 때 만나곤 한다. 가끔 함께 자리할 기회를 만들기도 하고 더러 휴가를 함께 떠나기도 한다. 가끔 이 친구에게서 저 친구에게로 서로서로 전화나 메일이 오고 가고, 카드나 편지가 오가면서 시간이 만든 공백을 메워 간다. 매일 일상을 공유하지는 못하지만 서로 중요한 근황은 모두 빠짐없이 알고 지낸다. 서로에게 의존하며 우정을 계속 지켜 나가고자 하는 우리의 다짐은 지칠 줄 모른다.

가끔은 나 자신보다도 나에 대해 더 많이 아는 마음의 벗, 오랜 친구만 한 것이 세상에 또 있을까 싶다. 인생을 살며 그들에게서 얻는 위로는 이루 말로 다 하기 어렵다. 다이나 멀록Dinah Mulock은 이렇게 훌륭하게 표현했다. "마음의 벗에게서 느끼는 편안함이란! 자기 생각을 저울질할 필요도 없고, 말을 다듬을 필요도 없이 흐르는 대로 알곡과 쭉정이를 모두 섞어 그냥 말하면 된다. 왜냐하면 신실한 나의 친구들은 알아서 이리저리 키질해서 간직할 것은 간직하고, 버릴 것은 훅 날려 버릴 것임을 알기 때문이다."

어떤 친구가 길동무가 되고 어떤 친구가 마음의 벗으로 끝까지 남을지는 우리의 취사선택 사항이 아니다. 그저 자연스럽게 결정되는 것 같다. 그러나 꼭 그래야만 할까? 옛날에는 친구끼리 우정을 맹세하고 무슨 일이 있어도 이를 지켜 나가는 경우가 종종 있었다. 우정을 맹세한 경우는 다윗과 요나단 이야기가 대표적이다. 성경은 "요나단은 다윗을 자기 생명같이 사랑하여 더불어 언약을 맺었으며"[7]라고 기록한다. 그 뒤 아무리 정세가 급하게 변하고 그들의 우정이 시험대에 오를지라도, 그들은 서로의 우정을 굳게 지켜 나간다.

오늘날 우리도 언약을 맺은 후에 우정을 지켜 나간다면 좀 더 오래 우정을 간직할 수 있을까? 여하튼 그렇게 하지 않는 것이 대세임은 분명하다. 서로 우연히 알게 되어, 눈이 맞고, 말이 통하고, 공통의 관심사가 있다는 것을 깨닫고, 그러다 보면 운에 따라 마음의 벗이 되기도 한다. 하지만 운에만 맡길 일이 아니다. 옛날처럼 우정의 서약은 하지 않더라도 진정 소중하다고 판단되는 친구에게는 마음의 약속을 한다. 그리고 시간이 흘러감에 따라 그 약속은 더욱 굳어져 서로 알지 못하는 사이에 조금씩 결속이 견고해지고 어느 순간 금처럼 단단한 우정이 되는 것이다. 지금 와서 생각해 보면 나도 친구들과 산전수전을 같이 경험함으로써 수천 가지의 크고 작은 마음의 약속을 거듭해 왔던 것 같다. 한 번도 입으로 맹세한 적도 없고 특별히 그렇게 생각을 한 것도 아니지만, 해를 더해 가며 우정의 다짐이 견고해진 것이다. 오늘날 마음의 벗이란 이렇게 형성된다.

대부분의 친구관계가 그렇듯, 인생 여정이 새로운 국면에 이를 때마다, 새로운 얼굴, 새로운 일들이 익숙한 얼굴들을 밀어낸다. 하지만 결속력이 강한 친구들은 절대로 밀리지 않는다. 짠! 하고 등장했다가 소리 없이 사라지는 존재가 아니라, 우리의 인생에 끊임없이 빛을 비추는 존재로 남는다. 변함없이 같은 자리에서 실과 바늘같이 중요한 존재로 우리에게 남아 있다.

그렇다면 마음의 벗이야말로 길동무보다 훨씬 중요한 것일까? 꼭 그렇지만은 않다. 우리에게는 마음의 벗과 길동무가 모두 필요하다. 중요한 것은 현재 자신의 삶이 어떻게 친구들을 통해 지탱되고 있는가 하는 것이다. 우정이야말로 그 형태나 결속력을 불문하고 인생이 줄 수 있는 가장 멋진 경험 중 하나이다.

진정한 친구를 발견하는 법

우정은 오랜 대화의 산물이다. 만남의 초기 단계에, 몇 시간이고 죽이 척척 맞는 대화를 할 수 있다면 좋은 친구가 될

가장 훌륭한 징조라 하겠다.[8]

하지만 서로 좋은 친구가 되고 싶은 나머지, 대화를 이끌어 내려는 강박관념으로 자칫 대화가 지나치게 가식으로 흐를 염려가 있다. 심리 상담 마무리 10분 전에 환자들이 의사를 기쁘게 하려고 그러는 것처럼 말이다. 그래서 초반에는 어떻게 하든 서로 연결 고리를 찾기 위해 지나칠 정도로 공통점을 찾는다. "자장면에 고춧가루를 넣어 먹는다고요? 어쩜, 나도 그런데." 이때 주의할 점은 서로의 진실한 면이 곧이어 따라 나오지 않는 한, 대화의 기쁨이 말 잔치의 허례 속에 퇴색해 버릴 수 있다는 것이다. 다음의 조언을 잘 활용하면 진심으로 친구가 되고자 하는 사람들이 이 미묘한 덫을 피해갈 수 있으리라 믿는다.

진지하고 친밀한 대화를 이끌어 내기 위해서는 어떻게 해야 할까? 첫째로 필요한 것은 남의 말을 잘 들어 주는 귀이다. 남의 입을 아주 잘 열게 하는 재주가 뛰어난 사람들을 가끔 보는데, 이들은 남의 말을 잘 들어 주기 때문에 상대와 금세 친해진다. 심리학자 칼 로저스Carl Rogers는 이러한 사람들을 일컬어 "성장을 촉진하는 청취자"growth-promoting listeners라고 불렀다.[9] 그의 연구에 의하면, 남의 말을 잘 들어 주는 사람이란 자신이 상대에게 '진정'으로 관심 있음을 보여 주고, 상대의 감정을 그대로 '받아들이며', 상대의 입장에서 세상을 재해석함으로써 '감정이입'을 하는 사람들이라고 한다. 즉 훌륭한 청취자들에게는 진지함, 수용, 감정이입의 기술이 있다.

언젠가 나(레슬리)는 저녁 만찬에서 만난 한 여성에게 홀딱 반한 적이 있다. 그녀는 내가 시애틀 퍼시픽 대학에서 하는 모든 일에 관심을 보였는데, 처음에는 그저 초면에 만난 사람들에게 묻는 그렇고 그런 질문인 줄 알았다. 그러나 그녀는 달랐다. 내 말에 대한 그녀의 답변 하나하나에서, 단순히 안면을 익히려는 사교성 대화가 아닌, 나에 대한 진정한 관심을 분명히 알 수 있었다. 그녀는 진심으로 나의 세계에 들어와 나의 감정을 이해하고자 했다. 최고의 청취 기술을 가진 사람들은 이러한 자질이 있다. 우리는 밤새도록 얘기하라고 해도 할 수 있을 것만 같았다. 물론 사실은 밤새 얘기했다!

친밀한 대화를 이끌기 위해 두 번째로 필요한 것은 자기공개self disclosure이다. 적절히 자제하며 어느 정도 자신에 대해 털어놓는 것은 친구관계를 만들기 위한 기본 재료 중 하나이다. 사실 이것 없이 진정한 친구가 된다는 것은 불가능하다. 통상 먼저 자신을 열어 보이면 상대방도 속내를 보이기 마련이다. 내가 약점을 들추어내면, 남도 약점을 들추기 마련이다. 사회과학자들은 이것을 '상호 고백 효과'disclosure reciprocity effect라고 부른다.[10]

그러나 이때 조심해야 할 것이 있다. 자기 자신의 일부를 드러내고, 자신의 흥분 상태, 불안감 등을 보여 줄 때 상대방이 여기에 거부 반응을 보일 수도 있음을 생각해야 한다. 나는 자신을 보여 주었는데, 상대는 이를 받아들이지 않을 수 있다는 말이다. 상대방은 오히려 이를 무시해 버리거나 업신여길 수도 있다. 그렇게 되면, 결과적으로 나만 무시당한 꼴이 된다. 반면 내가 나만의 비밀을 털어놓았을 때, 상대가 이에 맞장구를 친다면, 죽이 잘 맞는 좋은 친구를 얻게 될 것이다.

루이스C. S. Lewis는 『네 가지 사랑』The Four Loves(홍성사)이란 책에서 자기 고백과 우정에 대해 이렇게 썼다. "우정의 물꼬를 트는 첫 번째 표현은 이런 것이다. '뭐? 당신도? 나는 나만 그런 줄 알았는데….' 이렇게 친구는 탄생하는 것이다."[11]

언제 어떻게 상대에게 자신을 털어놓을지 아는 것도 경청의 자세만큼 중요한 기술이다. 자신의 이미지를 너무도 중시한 나머지 친근감을 일으킬 만한 어떤 면도 내색하지 않는 사람에게는 아무도 다가가지 않는다. 친구가 되려면 어느 정도 자신을 열어 보이지 않으면 안 된다. 그러나 동시에 너무 많이 열어서도 안 된다. 자신을 한꺼번에 너무 많이 열어 보이면, 상대방이 크게 부담스러워할 수 있다. 자기를 낳아 준 어머니나 참고 들어 줄 만큼 편집조차 되지 않은 기억들까지 모조리 쏟아 놓는 사람을 그 누군들 좋아하겠는가?

또 한 가지 주의할 점은 자기 고백 대신 남을 험담하는 것이다. 이래서는 곤란하다. 사람들은 자신에 대해 솔직히 얘기하는 사람은 좋아하지만 남의 흉을 끊임없이 보는 사람은 끔찍이 싫어하는 법이니까.

진정한 우정, 어떻게 유지할까?

일단 친구가 되는 것과 우정을 유지하는 것, 즉 루이스가 명명한 대로 "비밀의 길을 함께 걷는 것"은 완전히 별개의 문제이다. 아무리 가까워진 사이일지라도 계속해서 물을 주지 않으면 그 관계는 시들거나 없어져 버린다. 조지 버나드 쇼가 그의 친구 아치볼드 헨더슨Archibald Henderson에게 보낸 쪽지를 보면 이 점이 기막히게 잘 표현되어 있다. "친구여, 최근 나는 자네에게 너무도 소홀했었네. 한동안 신경을 안 써도 별 탈이 없을 것들은 모두 무시해 버릴 수밖에 없었네. 그리고 자네는 이미 너무도 친한 친구(이제는 감정 따윈 생각 안 해도 좋은 관계)가 되어 버렸기 때문이라네."

우리는 종종 좋은 친구를 당연시해 버린다. 물론 편한 옷을 수월하게 입는 것처럼 친한 친구에게도 그런 면이 있다.

하지만 아무리 친한 친구라도 바쁘다는 핑계로 오래도록 소홀히 한다든지, 막 대한다면 문제가 발생한다. 우정도 가꾸지 않으면 안 된다. 우정을 가꾸는 기법을 소개한다는 것은 사실상 우정의 존엄성을 훼손하는 발언이 될지도 모른다. 의미 있는 참된 우정에는 '손쉬운 지름길'이란 없기 때문이다. 하지만 몇몇 연구 보고서를 참조하면 진정한 우정을 생생하게 가꾸기 위한 몇 가지 공통 요소가 있음을 발견할 수 있다. 버나드 쇼가 지적한 것처럼 절친한 친구는 때때로 소홀히 해도 유지가 되지만, 다음의 4가지 요소가 빠지면 그 우정은 유지되기 어렵다.

의리

우정에서 가장 중요한 것이 무엇이냐는 질문에 대한 독보적인 1위의 답은 바로 의리이다. 의리란 별것 아닌 것 같지만, 우정에서 의리만큼 '별것'도 없다. 진정한 친구는 "친구와의 약속을 지킨다", "친구의 비밀을 남에게 발설하지 않는다", "어려움에 빠진 친구를 저버리지 않는다" 등 정의도 다양하다.

해리 트루먼Harry Truman 시절 국무장관을 지낸 딘 아치슨Dean Acheson은 그의 친구 알저 히스Alger Hiss가 감옥에 있을 때 그를 자주 찾아가 세간을 놀라게 했다. 당시 히스는 국가 반

역죄로 유죄를 선고받은 상태였기 때문에, 그와 가까이한다는 것은 정치 생명을 담보로 하는 일이었다. 일부 정치가들이 공공연하게 아치슨을 비난했을 때, 그는 이렇게 멋진 한마디를 던졌다. "설령 친구가 감옥에 있더라도 그를 버리지 않는 게 우정이다." 이것이 바로 의리이다.

"어려울 때 친구가 진정한 친구"라는 유명한 속담이 있는데, 그것은 의리의 일면만을 표현한 것에 불과하다. 사실 친구가 나보다 잘나갈 때 우정을 지키기란 친구가 어려울 때 돕는 것보다 훨씬 힘들다. 친구의 행운을 보고 앞서서 꽹과리를 쳐 주는 일은 친구가 어려움을 당할 때 구원자가 돼 주기보다 훨씬 어렵다. 솔직히 그렇지 않은가? 친구가 잘나갈 때 찬물을 끼얹지 않고 함께 뛸 듯이 기뻐해 주는 친구는 천연기념물처럼 드물다. 의리 있는 친구는 곤경에 빠졌을 때 손을 내밀어 줄 뿐만 아니라, 승리의 순간에도 기꺼이 손뼉 쳐 주고 사심 없이 기뻐해 줄 수 있어야 한다.

용서

우정에서 의리만큼 중요한 것이 바로 용서이지만, 이것이 결핍된 우정을 많이 볼 수 있다. 어떤 친구라도 반드시 언젠가는 우리를 실망시킨다. 이때 필요한 것이 용서이다. 그렇다고 사소한 모든 잘못까지 용서가 필요한 것은 아니다. 너무 사소한 잘못들은 용서해 주기보다는 그냥 무시하고 잊어버리는 것이 낫다. 윈스턴 처칠Winston Churchill 수상의 어머니인 제니 처칠Jennie Churchill은 이 점에 대해 다음과 같이 언급했다. "친구는 자기 사진처럼 다뤄야 한다. 가장 조명이 멋진 곳에 올려놓고 봐야 한다."

사소한 (실제 또는 상상의) 결점들 때문에 너무도 많은 우정이 깨져 버린다. 어떤 사람들은 친구가 신속히 답신 전화를 안 했다든지, 중요한 자리에 자기만 빼놓았다든지 하는 사소한 일들로 친구에게 토라지거나 화를 낸다. 이들은 친구에게 너무도 엄격하고 높은 기대치를 두기 때문에 늘 실망한다. 사소한 일도 절대 그냥 넘어가질 않는다. 약간의 실수도 친구의 배신행위로 해석해 버린다.

이렇게 사소한 행위는 진정한 배신행위와는 차원이 다르다. 진정한 의미의 배신에 대해서는 다음 장에서 자세히 설명하겠지만, 일단 여기서 요점을 추리면 "우리는 우정에 동반되는 아픔을 간과하거나 용서하지 않으면 안 된다."

여하튼 용서란 일방이 아닌 양방 통행이다. 성자가 아닌 이상 우리는 적어도 한 번쯤은 의도했든 의도하지 않았든 친구에게 깊은 상처를 주게 되어 있다. 그런데도 우정이 존속되는 이유는 친구 간에 용서가 있기 때문이다. 가장 오래 남는 친구는 가장 많이 용서하는 친구이다. 따라서 진정한 우정은 무엇을 눈감아 줄 것인지를 아는 데서 생겨난다.

솔직함

나는 동료인 S와 자주 가던 커피숍에서 차를 마시고 있었다. 그때 그의 따끔한 한마디가 나를 강타했다. "레스, 너는 목표 달성에 치중한 나머지 가끔 다른 동료들의 생각이나 느낌을 무시하는 것 같아." 으윽! 한 방 먹은 기분이었다. 그러나 그의 지적은 옳았다. 그는 나를 아끼는 마음에 당시 내가 회장을 맡고 있던 위원회에서 내가 곤란한 처지에 빠지지 않도록 미리 정문일침을 놓은 것이었고, 이것은 전적으로 나를 생각해서 한 소리였다. 사실 그의 솔직한 지적 덕분에 나는 목이 달아나는 것을 사전에 막을 수 있었다.

진정한 친구란 이와 같은 것이다. 솔직함은 우정의 기본 전제이다. "한쪽이 진실에 귀를 막고, 다른 한쪽은 진실에 입을 다물고 있는 한 진정한 우정이란 존재할 수 없다"라고 키케로Cicero는 말한 바 있다.[12] 그렇다면 노골적으로 솔직해야만 하는 것일까? 친구에게 솔직히 말할 때는 상대를 존중하는 마음으로 조심스럽게 해야 한다. 누구나 주지하듯이 상대를 존중하는 마음이 없는 상태에서 솔직한 것은 치명적 무기를 겨누는 것이나 다름없다. 바로 이런 이유로 키케로는 이렇게 덧붙였다. "우정에서 서로 존중하는 마음을 빼면, 가장 빛나는 장신구를 제거한 것과 같다."

솔직하다는 것은 자기 자신의 모습을 그대로 드러낸다는 것을 의미한다. 많은 사람이 상대와의 비슷한 점 때문에 급속도로 친구로 발전한다. 하는 일, 옷 입는 분위기, 취향, 그리고 배경이 비슷한 사람들은 순식간에 상대의 생각이나 말을 "척 하면 삼천리"로 알아듣는 일심동체가 된다. 그러나 이 관계는 실제성을 잃었다. 왜냐하면 그들 중 하나 또는 양쪽 모두 너무나 닮아 가려고 노력한 나머지, 자기 자신이 아닌 다른 모습으로 되어 가기 쉽기 때문이다. 그들의 관계는 에멀슨Emerson이 지적한 대로 "그 나물에 그 밥"a mush of concession 밖에 되지 못한다.

진정한 우정은 서로 솔직할 뿐만 아니라 자신의 본모습을 두려움 없이 지켜 나가는 것이다. 진정한 우정을 원한다면 에멀슨의 충고를 따르자. "친구의 메아리가 되기보다는 쐐기가 되라." 적이 되기를 두려워하면, 결코 친구도 되지 못한다.

헌신

자정이 약간 지난 시간이었다. 우리 부부가 켄터키의 한 수련원에서 학생들을 대상으로 연설을 마친 뒤 숙소로 막 돌아왔을 때였다. 요란하게 문 두드리는 소리가 들렸다. '대체 누굴까?' 의아한 마음으로 레슬리가 방문을 열었다. "아니 이게 누구야!" 레슬리가 기쁨의 환성을 질렀고, 우리는 눈을 의심할 수밖에 없었다. 대학 시절부터 친하게 지내던 M이 우리를 만나려고 무려 4시간이나 차를 몰아 신시내티에서부터 온 것이다. 정확한 주소도 모른 채 우리를 만나려는 일념 하나로 그는 달려왔다. "반드시 찾을 수 있을 줄 알았어. 암 그렇고말고"라고 말하며 그는 포옹했다. "자네가 위모어 근처로 연설을 왔다는 소식을 듣고 꼭 보러 오려고 했어." 그러면서 그는 초콜릿 케이크 한 상자와 포크를 꺼냈다. 우리는 케이크를 먹으며 1시간 반 정도 유쾌한 시간을 함께 보냈다. 주일학교 교사인 그는 다음 날 예배에 참석하기 위해 다시 신시내티로 차를 몰고 떠났다. 다시 무려 4시간을 운전해 가야 하는 곳으로!

M의 행동만큼이나 친구와의 우정에 있어서 헌신적인 모습을 증명해 주는 것도 드물다. 그는 불편함을 무릅쓰고 친구를 위해 시간을 냈다. 단순히 시간을 낸 것이 아니라 시간을 희생했다. 이와 같은 것을 보고 바로 헌신이라고 한다. 즉 헌신이란 상대방의 계획, 생각, 행동, 감정에 영향을 끼치는 능력을 의미한다.

어릴 적 우정을 회상해 보면, 우리는 친구와 셀 수 없이 많은 시간을 함께할 수 있었다. 하지만 현재의 바쁜 일상과 빽빽한 일정표 속에서는 의도적으로 노력하지 않으면 우정을 지키기가 참 어렵다. 학창 시절 친구를 만나려면, 힘들더라도 하룻저녁 시간을 빼내 그동안의 근황, 하고 싶었던 말, 듣고 싶었던 충고 등을 짧고 집약적으로 나누지 않으면 안 된다. 우정을 지키기 위해서는 이렇게 헌신적인 노력이 있어야 한다.

친구를 위한 희생은 위기의 순간에 더 두드러진다. 친구가 마음의 균형을 잃고 힘들어할 때, 애인과의 데이트 약속을 취소하고서라도 친구를 위로하러 가는 것이 바로 헌신이다. 친구란 바로 그런 것이 아니겠는가? 자신에게 친구가 폐 끼치는 것을 싫어하면서, 자기에게는 "어려울 때 도와주는 친구가 없다"고 투덜거린다는 것은 그야말로 어불성설이다.

가상 세계의 친구

이 장을 끝내기 전에 한 가지 꼭 다루어야 할 주제가 있다. 그것은 사이버상의 우정에 대한 것이다. 2004년 마크 주커버그Mark Zuckerberg는 사람들 사이의 우정을 더 돈독히 하기 위해서 페이스북을 만들었다. 사람들은 시간과 공간적 제약 때문에 친구들과의 지속적인 우정을 유지하기가 어려웠는데 페이스북을 통해 안정되고 친밀한 교제를 나누는 것이 가능해졌다. 또한 온라인상에서 더 많은 친목 모임과 친구를 만들 수 있게 되었다.

어떤 조사에 의하면 오프라인상의 실제 세계에서, 사람들은 한 주간 사회생활에 필요한 에너지의 40% 정도를 5명의 가까운 친구들에게 사용한다고 한다. 함께 시간을 보내는 만큼 깊이 있는 교제를 할 수 있다는 사실을 고려할 때 5명 이상의 가까운 친구를 갖는 것은 사실 어렵다. 우리는 5명보다 더 많은 수의 사람들에게 쏟을 만큼의 정서적 여력이 없다.

그러나 가상 세계에서는 소셜 네트워킹social networking과 문자를 통해 수백, 수천의 친구들과 교제할 수 있다. 페이스북에서 한 사람이 갖는 친구의 수는 평균 125명 정도라고 한다. 그러나 친구의 수가 150명이 넘으면 그들은 친구라기보다 나의 사생활을 들여다보는 사람들일 뿐이라고 한 조사는 말한다.[13]

물론 소셜 네트워킹으로 실제 친구들과의 교제(우정)에 많은 도움을 받거나 가까운 친구들의 소식을 늘 들을 수 있다. 그러나 또한 주의할 점도 있다. 페이스북이든 어떤 다른 형태이든 소셜 네트워킹을 통한 교제는 많은 사람을 친구로 얻고 사귀게 하지만 깊이가 없는 표면적인 교제를 하게 한다. 특히 친구의 수가 150명이 넘어서면 더욱 그렇다. 우리가 조심하지 않으면 이 교제는 친구 수는 늘려 주지만 양질의 깊이 있는 교제는 나눌 수 없게 한다. 원래 사람에게는 몇 명의 친한 친구가 있다. 그러나 오늘날의 사람들은 그 열 배의 친구를 사귄다. 우리가 그렇게 인기 있는 유명인사인가? 아니다. 그것은 단지 우리가 우정의 의미를 약화한 것뿐이다. 페이스북에 수많은 친구를 쌓아 두지만 우리는 과연 그들을 우리가 어려움에 부닥쳤을 때 도와줄 친구로 여기는가? 가상 세계의 친구란 같이 교제하기엔 즐겁지만 얼굴을 마주 대하고 교제하는 실제 세계의 친구와는 아주 다르다.

과학 기술의 발달로 이루어진 이러한 가상 세계의 교제에서 또 하나 주의할 점이 있다. 그것은 가상 세계에서의 교제가 활발할수록 실제 세계에서의 교제는 줄어든다는 것이다. 미국 인구의 93%가 휴대폰을 사용하고 그중 대부분이 스마트폰을 사용한다. 스마트폰을 통해 인터넷 검색을 하고 이메일을 확인하고 문자를 주고받는다. 매우 유용하다. 스마트폰으로 아주 쉽고 간편하게 의사소통을 할 수 있지만, 이 혁명적인 소통의 도구 때문에 오히려 우리의 소통이 막힐 수 있다. 친구와 한 공간에 같이 있지만 반만 나와 함께 있다는 느낌을 받은 적이 많을 것이다. 그들이 계속 스마트폰으로 무언가를 하고 있기 때문이다. 우리 역시 그와 똑같이 행동한 적이 있을 것이다.

우리의 생활은 24시간 내내 삐삐, 윙윙, 딩동 등의 소리로 가득 차 있다. 그것들은 종종 우리의 주의를 끌어서 우리 앞의 대화에 집중하지 못하게 한다. 우리는 글을 포스팅하고 메일을 보내고 문자를 확인하고 검색하는 욕구를 누르기가 쉽지 않다. 그렇기에 실제 인간관계에 더 관심을 가져야 한다. 우리 눈앞에 있는 사람과의 대화에 온전히 마음을 두고 교제하는 것이 필요하다. 그렇게 하지 않으면 우리는 수많은 가상 세계 친구를 가진 외로운 존재가 될 것이다.

친구관계에 대한 생각거리

01. 친구가 될 뻔한 사람은 많지만, 정작 친구가 되는 사람은 몇 없다는 말이 있다. 친구로 남는 사람은 어떻게 해서 그렇게 되는가? 환경 또는 개인적 성격에 기인하는 바가 큰 것일까?

02. 좋은 친구는 심지어 건강에도 좋다고 한다. 이렇게 과학적으로 증명된 것은 아니라 하더라도, 친구 덕분에 얻는 다른 혜택들에는 어떤 것들이 있을까? 우정의 열매 중 가장 귀하게 여기는 것은 무엇인가?

03. 친구의 종류에는 길동무와 마음의 벗이 있다는 데 동의하는가? 의미 있는 만남이었지만 오래가지는 못한 친구관계에는 어떤 예가 있는가? 당신의 인생에서 이는 어떤 의미인가? 인생의 어떤 단계에서 이를 경험했는가?

04. 어떤 대인관계에서도 용서란 가장 힘든 과정이다. 용서를 받은 경우나, 용서한 경험에 대해 생각해 보자. 용서가 힘든 이유는 무엇인가?

05. 우정을 유지하는 데 필요한 요소인 의리, 용서, 솔직함, 헌신 중 당신에게 가장 중요한 요소는 무엇이며 그 이유는 무엇인가? 여기에 덧붙이고 싶은 요소가 있다면 무엇인가?

5장

금이 가 버린 우정, 그 이후

자정이 넘은 시간, 전화벨이 요란하게 울렸다. 그것이 D로부터 온 전화일 것이라고 나(레스)는 상상조차 못 했다. 그와는 3년 전에 학교를 같이 다녔고, 그때 가장 친한 친구로 지냈었다. 그러다가 갑자기 관계가 나빠지기 시작해 다시는 극복 못 할 정도가 되었고, 점잖게 우리는 우정에 마침표를 찍었다.

나는 아직 떨어지지 않은 졸음을 눈에서 쫓아내며 그의 말에 귀를 기울였다. "지금 프랑스에서 전화하는 거야. 너무 놀라게 해서 미안하지만 자네에게 꼭 이 말을 해야겠다는 생각이 들었어. 그때 우리가 왜 그렇게 헤어져 버렸는지 지금도 이유를 알 수 없지만, 하여튼 내가 그때 정말 몹쓸 인간처럼 행동했던 것에 대해 진심으로 사과하고 싶었다네."

그의 말에는 진심이 담겨 있었고, 전혀 예측하지 못했던 그의 뜻 깊은 사과에 나는 어쩔 줄 몰랐다. 사과는커녕 그의 목소리를 다시 듣게 되리라고는 생각도 못 했기 때문이다.

그날 밤, D는 잠시나마 우리의 관계를 다시 회복하고, 잘못된 것들을 바로잡으려고 애쓰는 모습을 보였다. 당시 그는 자아 탐색soul-searching 과정 중이었고, 우리의 토막 난 우정에 대해 마음의 회한을 씻고 싶었노라고 말했다.

과거에 우리가 서로 무심했던 것을 진심으로 사과하고, 우리는 한바탕 크게 웃었다. 사실 돌이켜 보면 얼마나 별것 아닌 것으로 우리가 소원해졌던가! 카타르시스를 경험하는 순간이었다. 잘못이 바로잡아지고, 잃어버렸던 친구를 되찾은 기분. 물론 지리적·감정적인 요인으로 예전처럼 가깝게 지내지는 못하지만 그래도 우리 사이에는 다시 연계 고리가 생겼다. 어찌 보면 우리는 매우 운 좋은 축에 속한다. 한 번 실패한 우정은 영원히 끝나 버리는 경우가 너무 많다. 다시 시도를 해 볼 만큼 강한 우정은 참으로 보기 드물다.

종종 우리는 친구관계가 더는 만족스럽지 못하다는 걸 문득 깨닫는다. 막 새로 시작한 관계에서 느낄 때도 있고, 한때는 견고한 요새처럼 단단했다가 어느 순간 모래알처럼 소원해진 오랜 우정에서 느낄 때도 있다. 어떤 상황이라도 우정이 파국에 다다랐을 때, 우리는 속수무책인 경우가 많다.

너무 친한 나머지 형제자매 같은 친구가 있다. 어떤 경우에는 형제자매보다 더 친하다! 그러나 친구를 잃었을 때 우리는 가족을 잃었을 때와는 사뭇 다른 반응을 보인다. 우리는 친구를 잃었을 때 울지 않는다. 깨어진 우정에 대해서는 장례식도 없다. 대성통곡을 하지도 않을뿐더러, "이젠 끝장이야!"라며 최후의 통렬한 헤어짐도 없다. 가족이나 애인을 잃었을 때처럼, 친구를 잃었다고 같이 울어 줄 사람을 찾지도 않는다. 우정을 되돌리거나 혹은 그 슬픔을 치유하고자 상담사를 찾는 사람도 없다. 우정에 대해 많은 사람이 그토록 대단한 칭송을 하는 것에 비하면, 우정의 말로는 그 과정이나 느낌에서 너무나 무시되는 것이 일반적이다. 이런 문제를 다룬 책이나 지침서조차 없다. '불화' 등의 몇 안 되는 모호하기 그지없는 단어들 외에는 왜 우정에 금이 가는지, 어떻게 금이 가는지에 대한 적절한 단어조차 없다.

이 추세를 변화시키고자 하는 것이 이 장을 쓴 취지이다. 이 장을 읽음으로써 왜, 그리고 어떻게 우정에 금이 가는지 이해하게 될 것이다. 또한 회복할 수 없는 불화(실제 혹은 상상)는 무엇이고, 침몰 중인 우정을 다시 정상 궤도에 올리는 방법은 무엇인지 실용적으로 살펴볼 것이다. 이미 금이 간 우정을 되돌릴 방법, 그리고 필요한 경우 끝나 버린 우정을 진심으로 애도하는 방법도 들어 있다.

친구에 대한 당신의 기대 수준은?

 다짜고짜 왜 이런 질문을 하는지 궁금할 것이다. 하지만 친구에게 어느 정도까지 기대하고 있는지는 우정에 폭풍우가 몰아칠 때 이를 뚫고 나갈 수 있는지를 가늠하는 가장 정확한 척도가 된다. 솔직히 얘기해 보자. 그저 알고 지내는 친구들, 1년에 몇 번 식사나 같이하는 친구들에게 당신은 많은 것을 기대하지 않을 것이다. 반면 서로 마음을 터놓고, 기쁨과 슬픔을 같이했던 친구들에게는 실제 당신이 생각하는 것 이상으로 많은 것을 기대한다. 우정이 그저 물 흐르듯 쉽게 진행되었으면 하는 것이 우리 바람이지만 실상은 그렇게 쉽지만은 않은 게 우정이다.

 어릴 적 친구관계를 한번 생각해 보라. 얼마나 수월하게 친구를 사귈 수 있었는지! 그 시절엔 저절로 친구가 되는 경우가 많았다. 나의 예를 들면, 당시 나는 옆집에 살던 A라는 아이와 단짝 친구가 되었고, 우리는 그야말로 죽마고우가 되었다. 하지만 그때 우리가 친구가 된 것은 그저 우연이었다. 서로 비슷한 장난감을 좋아했고, 그렇게 해서 마음이 맞았던 것일 뿐이다. 이런 손쉬운 우정은 그다음 해 A가 이사 갈 때까지 유지되었다.

손쉽게 유지되는 우정은 그때가 마지막이었던 것 같다. 초등학교 3학년 정도가 되자, 벌써 소유욕으로 똘똘 뭉친 괴로운 친구관계에 입문하게 되었고, 처절한 배신이 이미 예고되었다. 새로 사귄 단짝 친구가 방과 후 다른 아이와 놀고 있는 것이 아닌가! 친구로부터의 배신감을 처음 맛본 순간이었다. 누구나 이와 같은 경험이 있을 것이다.

열심히 공들여 사귀어 놓은 친구가 나를 배신하고 다른 친구와 친하게 지내는 것을 볼 때 우리는 심한 배신감을 느낀다. 그러나 그것이 바로 현실이다. 어릴 적부터 이런 일을 겪으면서 우리는 우정에 대해 달갑지 않은 교훈을 익혀 나간다. 즉 "우정은 깨지기 쉽다"는 것이다.

우정이란 연인관계나 가족관계보다 정서적 부담이 훨씬 덜하므로 수월하게 맺어진다. 다른 관계와 비교해 보면 친구란 '거저' 생기는 것이다. 하지만 수월한 관계이니만큼 한번 깨지면 그만큼 '복원력'이 적다는 것도 인정하기 싫은 엄연한 사실이다.

하지만 이렇게 별 노력 없이 수월하게 지내던 사이에 갑자기 큰 문제가 일어나면 우리는 어쩔 줄 몰라 하고, 친구를 원망하게 된다.[1] 친구가 된 초기 몇 달 혹은 길어야 1년간은 서로 좋은 모습만 보여 주려고 노력하는 신혼기와 같다. 이 기간에는 서로 나쁜 습관, 결정적인 성격적 결함 또는 가치관의 차이를 보고도 못 본 척하거나 아예 모르고 지나간다. 그러나 시간이 지나고 약점들이 수면에 드러나면, 돌연히 친구에게 배신당한 느낌이 드는 것이다.

친구를 자기와 닮은꼴이라고 여기다가 배신감을 느끼기도 한다. 자신과 닮은 것 같아서 친해졌다가 상대가 처음 예상만큼 완벽하지 않으면 완벽한 인간이 있기나 한 것인지, 바로 자기 자신의 이미지가 구겨지는 것처럼 불쾌해한다.[2] 이러한 오류에 빠지지 않으려면 친구 각자의 개성과 개별성을 수용하는 자세를 가져야 한다. 다음과 같은 질문을 자신에게 정직하게 던져 보자. "나는 친구에게 얼마큼 기대할 것인가?" 완벽한 친구를 기대하는 사람은 그야말로 늘 실망감만 맛볼 것이다. 그렇지 않은 사람들도 예기치 못한 장애물에 언젠가는 부딪히기 마련이다.

그렇다면 그토록 강한 우정인데도 왜 가끔 우리를 배신하는 걸까?

우정에 금이 가는 이유

몇 차례에 걸쳐 친구와 만족스럽지 못한 전화 통화를 나누거나 만나도 대화가 껄끄러워지기 시작했을 때, 또는 서로 한바탕 퍼붓고 났을 때, 우리는 스스로 질문을 한다. "도대체 내가 이 인간하고 뭘 하고 있는 거지? 이제 더는 친구같이 느껴지지도 않는다니, 도대체 왜 이럴까?" 그동안 너무도 흡족하고 끈끈한 친구 사이였는데 왜 이렇게 갑자기, 아니면 서서히 식어 버렸을까?

변화

우정에 금이 가는 가장 빈번한 원인은 친구의 인생에 좋은 일이든 나쁜 일이든 어떤 커다란 변화가 생겼을 때이다. 예를 들어, 비슷한 처지에 있던 친구 가운데 한 명의 꿈이 다른 한 명보다 먼저 이루어진 경우, 서로 생각이 달라지고, 질투심과 분노, 동정심이 자리 잡는다. 비교적 견고했던 친구 사이조차 중요한 승진, 연애의 시작, 그리고 특히 결혼을 계기로 '와장창' 금이 가기도 한다. 부분적으로는 감정적 요인에, 부분적으로는 현실적 요인에 기인한다.

대부분 비슷한 환경에서 비슷한 경험을 하는 사람끼리 우정이 싹트는 법인데, 갑자기 한 명의 신상만 크게 바뀌면, 다른 한 명이 시기하게 된다. '왜 하필 내가 아닌 저 친구만 잘나가게 된 걸까?'라는 심정에서이다. 변화를 겪는 기간 동안 서로 친구에게 쏟을 수 있는 시간, 에너지, 관심이 이전과 달리 제약을 많이 받는다는 것을 깨달으면서 친구 간에 불만이 싹튼다. 적어도 초기 과도기에는 신상 변화가 일어나지 않은 친구 쪽에서 이해해야 할 일들이 많이 발생한다. 어떤 경우든, 일단 변화가 일어나면 아무리 소중한 평생 친구 사이도 반드시 영향을 받는다.

소홀함

우디 앨런이 영화 "애니 홀"Annie Hall에서 다이앤 키튼에게 이렇게 말하는 장면이 나온다. "인간관계란 마치 상어와 같아. 끊임없이 앞으로 움직이지 않으면 그만 죽고 말지. 지금 우리 관계가 마치 죽은 상어와 같아."

어떤 친구관계는 더는 앞으로 나가지 않아 깨져 버리고 만다. 너무 정체되어 있거나, 문자 그대로 서로 소홀히 지내다 보면 그냥 끝나 버린다. 전화하려고 했었는데 계속 전화를 못 하고, 친구 생일을 분명히 기억하고 있었는데 바빠서 그만 깜박해 버린다면(물론 '그 정도는 이해할 거야'라고 자위하며) 친구관계는 소홀해질 수밖에 없다. 그러나 우정도 가꾸지 않으면 안 된다. 진리는 간단한 곳에 있다. 열심히 가꾸지 않으면 우정도 귀찮아져 버리고 만다.

가만히 생각해 보면 몹시 바쁠 때 우리는 상대적으로 수

월한 일만을 하고 싶어 한다. 친한 친구들과의 관계도 언제나 수월한 것만은 아니다. 특히 친구가 너무 말이 많거나, 천박하거나, 계속 칭얼대는 등 어려운 성격이라면 눈코 뜰 새 없이 바쁠 때는 잠시 외면하고 싶은 생각이 들기도 한다. 당신에게 친구가 소홀히 대할 때도 마찬가지이다. 당신이 친구를 소홀히 대하건 그 반대의 경우이건 소홀함의 결과로 친구 간에는 마음의 앙금이 생긴다. 그리고 불행히도 마음의 앙금은 우리가 예상치 못한 때, 너무 바쁘거나 힘들어 손쓸 수 없을 때 폭발한다. 즉 학업이나 직장 일이나 집안일로 스트레스에 시달리고 시간에 쪼들려 친구를 제대로 대해 주지 못했을 때, 그들과의 관계는 소홀해지고, 정작 친구가 가장 필요할 때 서로 등을 돌리게 된다.

배신

가장 절친한 친구라고 여겼고, 그래서 모든 비밀을 다 털어놓았건만, 알고 보니 내 비밀을 온 동네방네 퍼뜨리고 다녔다니! 내 남자 친구와 놀아나다니! 한때는 하늘이 두 쪽이 나도 내 편이 될 것처럼 대하던 친구가 나를 감쪽같이 속이는 것! 그것이 바로 배신행위이다. 앞서 말한 신변상의 변화와 소홀함이 우정에 금이 가게 하는 가장 흔한 이유라면, 배신은 가장 고통스러운 결과를 수반한다고 할 수 있겠다. 왜냐하면 배신은 신뢰를 앗아 가기 때문이다.

  당신이 가장 숨기고 싶은 비밀들(빚쟁이에게 얼마큼 빚을 졌다거나 알코올 의존증이 있다는 등)을 당신이 가장 믿었던 사람이 세상에 폭로한다고 치자. 따지고 보면, 당신의 가장 친한 친구는 당신에 대해 가장 잘 알기 때문에, 당신을 해칠 정확한 방법을 안다. 당신의 비밀을 아는 이상 당신을 단번에 꺾어 버릴 수 있는 급소를 정확히 꿰뚫고 있는 셈이다. 한 번 배신을 당하면, 그 친구가 또 배신행위를 하지 않을까 불안해지기 시작한다.

  당신이 가장 의지했던 친구가 당신이 힘들 때 옆에 있지 않을 수도 있다. 당신에게 매우 민감한 문제에 대해 다른 사람들과 낄낄거리고 있었는지도 모른다. 그러나 여기서 한 가지 중요한 점을 생각해 보아야 한다. 우리가 배신행위라고 여기는 것이 실상은 친구의 고의가 전혀 아닌 경우가 많다는 점이다. 친구는 자기가 잘못을 저지르고 있다는 것을 전혀 몰랐거나, 그로 인해 당신이 고통당하고 있음을 깨닫지 못했을 수도 있다. 또는 그 친구는 당신이 그에게 많이 의존한다는 것을 몰랐을 수도 있다. 당신을 놀린 것이 장난이지 해가 된다고 생각하지 않았을 수 있다. 그러나 만약 당신의 친구가 분노나 질투심에서 그러한 짓을 했다면 복수를 의도한 것이 분명하니 정신을 바짝 차리지 않으면 안 된다. 당신은 뻔

뻔한 배신행위의 희생양이 될 참이니까. 아무튼 의도했든 의도하지 않았든 간에 배신행위는 우정에 있어서 독소가 된다.

변화, 소홀함, 배신 등으로 친구와의 우정이 깨어졌을 때 회복의 길도 이와 거의 흡사하다. 우정을 회복하는 방법을 살펴보기에 앞서 우선 금이 가 버린 우정의 회복 가능성과 그 가치를 따져 봐야 한다. 만약 회복할 수 없거나 가치가 없다고 판단될 때를 대비해 최선의 이별도 살펴보자.

어떤 우정은 회복할 수 없다

우정은 갑작스럽게 파국을 맞거나 서서히 금이 간다. 서서히 우정에 금이 가는 경우는, 친구 사이에 소홀함이 계속되고 그러다 보니 자연스럽게 우정이 그 효용을 다할 때이다. 서서히 일정 수위를 넘게 되고, 큰 파장 없이 우정이 종말을 고한다. 사실, 우리가 인생을 살면서 몇 차례에 걸쳐 친구를 허물 벗듯 벗어 버리는 것은 인지상정이다. 졸업하거나 직업을 바꾸거나 새로운 도시로 이사하거나 심지어는 에어로빅 강좌를 그만둘 때도 그럴 수 있다. 그리고 연애와 결혼, 임신하면서 이전에 사귀던 친구들이 자연스럽게 물갈이되기도 한다.

요란스럽게 친구와 결별하는 경우, 대부분 예기치 못한 신변상의 변화나 끔찍한 배신에 기인할 때가 많다. 서로 섭섭한 마음이 계속 축적되다가(또는 한꺼번에) 만나도 서로 만족스럽지 못한 접촉을 몇 번 한 뒤, 그러다가 급기야 친구 중 한 명이 더는 관계를 참지 못하고 울분을 터뜨린다. 그러면 서로 함께 걷던 길은 끝나고, 앓던 이 빠지듯 서로 뒤로한 채 각자의 길을 가 버린다.

친구와 어떻게 결별을 했든지 간에, 친구를 잃고 난 뒤 우리는 이렇게 스스로 질문한다. "이대로 그냥 끝내 버릴 것인가, 아니면 다시 옛날처럼 관계를 되돌리도록 노력해 볼 것인가?" 이 질문이 중요한 이유는 모든 친구관계를 반드시 다 회복시킬 필요는 없기 때문이다. 때에 따라, 회복에 따르는 대가가 너무도 큰 경우도 있다. 그러나 어떤 것은 회복하고 어떤 것은 그대로 내버려둘지에 대한 엄격한 법칙이란 없다고 본다. 그 중요도는 각자의 판단에 달려 있다.

정말 소중한 친구였다면 헤어질 때 완전히 문을 쾅 닫아 버리지 않는 것이 좋다. 적어도 당분간은 말이다. 물론 상대에게 심한 상처를 입었고, 가당치도 않은 배신을 당해서 몹시 속상하다면 전혀 그러고 싶지 않겠지만. 아마도 똑같이 복수해 주고 싶은 마음만 이글거릴지 모른다. 하지만 당신은 다음 2가지 선택의 갈림길에 서야 한다. 한순간에 문을 쾅 닫아 버리고 원한 속에 파묻어 버림으로써 순간적인 쾌감을 얻거나, 어느 정도 여유와 시간을 두고 분노를 식히면서 생각을 정리하는 것이다. 바라건대, 인생에 중요한 의미가 있던 친구라면 앞뒤 안 따지고 무 자르듯 자르지 말라. 물론 그 순간은 이미 자르고 말 것도 할 것 없이 마음이 이미 천만 리 떨어진 것 같겠지만 말이다. 상투적으로 들리겠지만 역시 "시간이 약"이다. 시간이 지나면 분노가 가라앉고 용서의 마음이 생긴다. 그러면 다시 건강한 마음 상태를 되찾는다.

속담이 나온 김에 또 하나를 덧붙이자면, "어려울 때 친구가 진정한 친구이다." 인생이 자신을 비참하게 할 때 가장 먼저 찾는 것이 오랜 친구이다. 비극적인 일을 겪을 때, 해고를 당하거나 부모를 잃었을 때, 친구에게 원한을 품으며 살기에는 인생이 너무 짧다는 것을 깨닫게 될 것이다. 어려운 상황에 부닥치면 인생에 참으로 중요한 것들이 무엇인지 깨닫게 된다. 그것은 바로 다른 사람과의 관계이다. 이글거리는 분노로 불태워 버렸던 옛 친구와의 관계를 다시 회복하고 싶은 생각이 들 때가 있을 것이다. 오랜 친구와 대화를 나누면 그토록 삭막하던 인생이 훈훈하게 느껴지고, 어려운 일을 겪은 후에도 다시 희망을 얻고 일상으로 돌아갈 수 있다. 그래서 친한 친구와 결별할 때는 가능하면 회복의 여지를 남겨 두는 것이 좋다.

때론 아무리 노력하고, 노력하고, 노력해도, 회복할 수 없는 친구들도 있다. "손바닥도 마주쳐야 소리가 나듯" 제아무리 우정을 회복하려고 노력해도 상대가 응하지 않으면 우정을 되찾기 어렵다. 이때는 아무리 슬퍼도 우정이 깨졌음을 인정하고, 얼마간 잃어버린 우정을 애도하는 것이 최선이다. 이제 그 친구가 인생의 중요한 자리에서 빠지게 되었다는 사실에 아쉬워하며, 친구와의 관계가 끝났음을 시인하는 수밖에 없다. 그리고 스스로에게 슬퍼할 시간을 주라. 그다음 툭 털고 일어나 발걸음을 앞으로 옮겨야 한다.

대부분 친구란 한번 헤어지면 다시 보지 않게 될 때가 많다. 우정을 회복하려는 노력은 아주 특별하고 절친한 사이, 즉 서로 인생에 큰 의미를 가져다준 경우에 국한된다. 하지만 특별한 친구와의 우정 회복도 생각만큼 쉽지 않다. 다시 회복만 된다면 우리 인생 경험을 다각화시켜 주고, 인생을 더 깊이 있게 만들어 준다는 점에서 반드시 노력할 만한 가치가 있다. 끈끈한 우정이 깨졌다 다시 회복되면, 더 큰 만족감을 맛볼 수 있다.

금이 가 버린 우정, 어떻게 회복할 것인가?

두 사람이 수많은 시간과 정열을 쏟아 우정을 맺었으나, 서로 속상하고 비통하게 헤어졌다면, 반드시 그 관계를 영원히 끝장난 것으로 볼 필요는 없다. 친구 간의 불화가 모두 치명적인 것은 아니기 때문이다.

오래전에 씁쓸히 헤어진 친구가 있다면, 충분히 의미 있는 재결합을 시도해봄 직하다. 다음의 5가지 단계는 끝난 우정 가운데 어떤 것이 되살릴 만한 가치가 있는 것인지 식별하고 우정을 회복하는 과정을 설명한다. 금 간 우정에 대한 만병통치약은 아니지만, 유용하게 사용할 정석이 될 것이다.

1단계: 대가를 계산하라

일단 당신은 금 간 우정을 다시 회복할지 말지 결정해야 한다. 건강하지 못한 관계, 즉 자신의 규칙과 타협하게 하거나, 자존심을 굽히게 만드는 관계 등은 다시 회복할 가치가 없다. 만약 친구에게 계속 무시당하는 느낌이 들거나, 방치되는 느낌, 불안 등을 경험했다면 당신은 친구에게 변화를 요구할 권리가 있다. 당신이 가담하고 싶지 않은 일에 자꾸 가담할 것을 친구가 종용해도 자신의 규칙대로 하고 싶다면, 아마 좋은 친구라면 이를 인정하고 존중해 줄 것이다. 어쩌면 친구가 변화하는 계기가 될지도 모른다. 그러나 끝내 친구가 이를 거부한다면, 파괴적인 관계에서 빨리 벗어나는 것이 당신 자신을 위해 좋을 것이다.

어떤 친구와 더 이상 사귀는 것이 의미 없음을 깨달은 그 자체가 큰 걸음을 뗀 셈이다. 얼마 전 상담 요청자가 이렇게 말했다. "거의 1년을 사귀어 온 친구가 있는데, 내게 무척 호의를 가지고 대하는데도 무슨 이유에서인지 마음이 끌리지 않았어요. 결국 그 친구가 내게 심한 경쟁심을 가지고 있다는 것을 알게 되었고, 그래서 더는 사귀지 않기로 했어요. 지금도 가끔 얘기를 나누곤 하지만 예전처럼 가깝지는 않아요. 대신 그 친구를 만나도 정신적으로 고갈되는 일은 없어졌어요."

만약 친구와의 관계가 자신에게 해롭다는 것을 알면서도 이를 계속 유지해 나간다면 그 친구가 왜 필요한지 스스로 점검해 볼 것을 권한다. 그 친구를 잃으면 다시 다른 친구를 사귈 수 없다는 생각의 함정에 빠지지 말기 바란다. 오히려 진실은 그 반대일 수 있다. 건전하지 못한 사람[3]과의 관계에서 빨리 벗어나지 않는 한, 다른 친구를 사귈 수 없을 것이다. 여기서 말하고자 하는 요점은 이것이다. 좋은 우정은 당신에게 귀속감을 선사하지만 나쁜 우정은 불안감을 가중시키고 자존감을 저해한다.

따라서 금이 가기 시작한 우정을 다시 이어붙이기 위해 자신이 얼마큼의 대가를 치를 것인지 신중하게 생각해야 한다. 만약 그 대가가 너무 크다면 깨끗이 끝내라. 표류하거나 야비하게 끝내지 말라. 마냥 전화를 받지 않거나 만날 약속을 매번 취소한다면, 타당한 사유가 있더라도 잘못된 우정을 통하여 얻게 될 교훈의 기회를 가로막는 셈이다. 좀 더 직접적이고 책임감 있게 마음을 털어놓고 서로의 감정을 이야기함으로써 친구와 이별한다면, 서로 유익이 되며 새로운 우정을 찾아 나서는 데도 도움이 된다.

반면, 우정을 다시 회복하고 유지하는 데 드는 대가를 모두 고려하고도 지킬 만한 가치가 있는 우정이라면, 즉 결점을 벌충하는 다른 가치가 있다면 다음 단계로 넘어가도록 하자.

2단계: 접촉을 시도하라

친구를 다시 만나는 것이 낫다고 결심했다면 친구에게 편지를 쓰거나 전화를 해서 다음과 같은 핵심 메시지를 전달하라. "우리 우정은 내게 매우 소중해. 네가 그립다. 우리의 갈라진 틈을 회복할 방법은 없을까?" 이 정도면 충분하다. 친구와 다시 접촉하려고 할 때, 자신이 원하는 바를 전달하고 상대가 다시 대화에 응할 여지가 있는지 타진하는 간단한 메시지면 된다. 이 단계에서는 자신이 섭섭했던 바를 털어놓거나 직접적으로 사과할 필요까지는 없다(이유는 나중에 설명할 것이다). 이 시점에서는 둘의 관계에 화해의 물꼬를 트기 위해 솔직한 대화를 나누자는 '평화 회담'만 제안하면 된다.

비록 이 단계가 매우 단순하고 뻔한 것처럼 보이지만, 생각보다 아슬아슬한 순간이기도 하다. 자신도 모르게 친구에게 섭섭한 마음을 그대로 품고 있거나 되갚아 주고 싶은 생각을 여전히 품고 있다면, 이 간단한 메시지를 무의식적으로 망쳐 버릴 수가 있다. 아직도 분노와 원망하는 마음이 있다면, 당신이 진심으로 겸손하게 다시 만나고 싶어 한다는 의사가 잘 전달되지 않을 것이다. 분노와 원한을 풀어 버리는 것이 관건인데, 다음 단계가 도움이 될 것이다.

3단계: 가능한 한 용서하라

화해하는 일은 늘 어렵다. 친구에게 섭섭한 일을 당했을 때는 아무리 상대가 사과해도 앙금이 쉽게 가시지 않는다. 먼저 상대를 용서한다는 것은 거의 불가능해 보인다. 오른뺨을 맞고 왼뺨을 돌려댈 사람이 어디 있겠는가? 그건 비겁자나 바보들이 하는 짓 아닐까? 나도 늘 그렇게 생각했다. 아주 귀중한 비밀을 깨우치기 전까지는.

누가 나를 무시하거나 공격하거나 아픈 상처를 남기면, 그것을 되갚아 주고 싶은 심정이 자연히 생긴다. "눈에는 눈, 이에는 이"라는 식이다. 그러나 문제는 복수전은 끝을 모른다는 것이다. 상대에게 눈을 뺏기면, 당한 사람은 상대의 눈뿐만 아니라 그 이상을 해치고 싶어 한다. 양팔 저울이 수평이 되기보다는 내 쪽으로 기울기를 원하는 것이 우리 심정이다. 설령 속이 풀릴 때까지 마음껏 앙갚음을 했을지라도 다음은 상대방의 보복이 시작될 차례다. 이 악순환은 계속되어 절대 끝나지 않는다.

그런데 용서는 이 악순환의 고리를 한 방에 날려 준다. 우리가 자존심을 내려놓고 용서를 하는 순간부터 '똑같이 되갚아 주겠다'는 충동은 자취를 감춘다. 용서의 행위는 바로 자기 자신을 위한 것이다. 보복 행위는 단지 최초의 가해자뿐만 아니라, 앙갚음하려는 사람에게도 피해를 주기 때문이다. 예수께서 "다른 쪽 뺨도 돌려대라", "오 리를 가자면 십 리를 가 주라"고 말씀하신 것은, 남이 우리를 이용하게 놔두라는 뜻도 아니고, 겁쟁이가 되라는 뜻은 더더욱 아니다. 뺨을 돌려대는 행위는 우리 자신을 보호하기 위한 것이다. 상대에게 앙갚음하겠다는 생각에서 벗어날 때, 비로소 복수심은 잠잠해지고 더 큰 상처를 예방할 수 있다.

그러면 현실적으로 우리는 어떻게 용서할 수 있을까? 어떻게 이것을 실천할 수 있을까? 첫 단추는 자신의 자존심을 내려놓고, 상대방의 입장에서 상황을 해석하려고 노력하는 데서 시작된다. 마음을 열고 상대방의 입장에서 이야기를 들어 보지 않는다면, 결코 친구에게 다가갈 수 없다. 우정이 식어 버린 이유가 완전히 친구의 잘못이라고 고집하는 생각을 바꾸라. 일방적으로 한 사람만 잘못해서 우정에 금이 가는 경우는 드물다. 이 점을 명심하면 '똑같이 갚아 주겠다'는 생각을 버리고, 용서를 배우게 될 것이다.

'똑같이 앙갚음'한다는 것은 불가능하다는 진리를 반드시 기억하자. 사도 바울은 "악을 악으로 갚지 말고 화목하라"[4]고 말한 바 있다. 화목, 바로 그것이 용서의 열매이다. 진정한 마음의 평화를 얻어야만 다음 단계인 우정의 회복으로 넘어갈 수 있다.

4단계: 문제를 찾아내라

며칠 전 나(레스)는 극도로 외로움을 호소하는 젊은이를 상담하면서 놀란 적이 있다. 나는 그에게 평범한 질문을 던졌다.

"가까운 친구가 있나요?"

"아니요. 직장 동료들과는 다 잘 지내는데, 특별히 친한 사람은 없습니다."

"그 이유가 뭐죠?"

"몇 년 전에 어떤 동료와 무척 가깝게 지냈습니다. 같이 운동도 다녔어요. 그런데 언제부턴가 그가 나타나지 않았죠. 내가 한 말에 그가 상처를 입었다는 사실을 다른 직장 동료를 통해 알았죠."

"도대체 어떤 말에 그토록 상처를 받았다고 하던가요?"

"그건 저도 모르겠어요."

절로 의구심이 들지 않을 수 없었다. "그렇다면 이유가 무엇인지 물어보지도 않았다는 건가요?"

그러자 그는 '그만한 일로 섭섭해하는 사람이라면 더 사귈 필요도 없다'는 생각이 들어서 그만두기로 했다고 대답했다.

얼마나 서글픈지 모르겠다. 아주 사소한 오해 때문에 이 사람은 마음에 맞는 친구를 잃었고, 우정은 금이 간 채 방치되었다. 더욱 안타까운 것은 그가 도대체 뭐가 잘못인지조차 캐묻지 않았다는 점이다.

이런 일은 생각보다 훨씬 자주 발생한다. 관계를 회복하려면 일단 어디서부터 잘못되었는지 알아내야 한다. 그래야 근본적인 원인을 알고 다시 그와 비슷한 일이 생기는 것을 막을 수 있다.

문제를 아예 파악조차 하지 않으려는 심리의 저변에는 문제가 발생했다는 사실 그 자체를 부인하려는 성향이 짙게 깔려 있다. '우리는 그저 인간'이라는 점을 인정하지만 '가장 친한 친구들'에게는 그 이상의 것을 기대한다. 다시 말해 친구는 늘 장점만을 지니기를 기대하기 때문에, 친구가 나를 실망시키면 완전히 '몹쓸 인간'으로 몰아 버리는 것이다. 우리는 친구가 실제보다 더 멋있는 사람이길 바라고, 덜 복잡한 사람이길 기대한다. 어떤 사람이나 좋은 점과 나쁜 점을 부분적으로 모두 지녔음을 부인하려 든다. 흑백의 논리로 사물을 보는 것은 손쉽고 실용적인 것 같지만, 우리 삶의 대부분은(물론 우정도 마찬가지로) 회색지대가 더 많다. 만약 이 사실을 외면하려 든다면, 인간관계의 여러 부분을 놓치게 될 것이다. 그러니 문제가 없는 체하지 말자. 문제를 인정하고 그 문제를 발견해서, 한 차원 높은 곳으로 발돋움하자. 어차피 서로의 이견을 탁 터놓고 대화로 해결할 수 없다면, 그 우정은 이미 끝이 보인다는 징조니까.

5단계: 신뢰를 회복하라

로마의 정치가이자 철학자 키케로는 우정에 대한 최고의 명언을 남겼다. "진정한 친구로 남기 위해서는 상대방의 좋은 점을 끝까지 붙들어야 한다." 상대의 장점을 끝까지 붙드는 것, 그것이 진정한 우정의 전제 조건이다. 그러나 친구에게 큰 실망을 맛보았을 때 이를 실천하기는 매우 어렵다. 하지만 그것이 열쇠이다. 그런 이유로, 금이 가 버린 우정을 회복하기 위한 마지막 단계는 상대방에 대한 신뢰를 회복하는 것이다. 우정에 금이 간 경우, 십중팔구는 서로에 대한 존중이 완전히 뭉개져 있을 것이다. 따라서 하루아침에 회복을 기대하기는 어렵다. 하지만 금 간 우정이 다시 회복되느냐 마느냐는 궁극적으로 서로 존중하는 마음의 회복 여부에 달렸다. 키케로의 말대로 "우정에서 서로 존중하는 마음을 빼면, 가장 빛나는 장신구를 제거하는 것과 같기" 때문이다.

그렇다면 잃어버린 친구에 대한 존중은 어떻게 회복할 수 있을까? 2가지를 제안하고 싶다. 일단 친구의 두드러진 장점들을 스스로 꼽아 보도록 하자. 친구의 어떤 점이 나로 하여금 더 나은 사람이 되도록 노력하게 하는가? 친구의 성격에서 이런 점들을 나열해 보자. 물론 대개 자신도 모르게 친구의 장단점을 저울질하기 일쑤이겠지만, 그것도 과히 나쁜 일만은 아니다. 억지로 단점을 무마함으로써 친구의 장점만을 부각하는 것보다 나을 수 있다. 솔직히 사람은 누구나 친구로서 부족한 면이 있다. 어떤 친구는 일상생활을 함께 나누는 데는 그만이지만, 연애 문제로 고민할 때는 전혀 도움이 안 되기도 한다. 따라서 친구의 한계를 인정하고 나면, 친구의 부족한 점 때문에 실망하고 맘 상하는 대신, 친구의 장점 덕분에 즐겁게 우정을 유지해 나갈 수 있다. 5단계의 목적은 자신이 가장 높이 평가하는 친구의 좋은 성격들을 부각함으로써 그를 존중하는 마음을 회복하는 것이다.

다음에는 친구에게 진심으로 사과해야 한다. 기대한 만큼 좋은 친구가 되어 주지 못했다는 점에 대해서 상대에게 사과하는 것이다. 우정에 금이 가게 했던 결정적인 잘못들을 구체적으로 지적하고, 이를 친구에게 고백하고 사과해야 한다. 주체적으로 먼저 사과하고 용서를 구하라. 명심할 것은 사과의 말에는 정말로 사과하는 마음이 담겨 있어야 한다는 것이다. "진정한 사과는 단순히 잘못을 인정하는 것 이상"이라고 노만 필Norman Vincent Peale은 말했다. 즉 "사과란 자신의 말이나 행동 때문에 서로의 관계에 피해를 끼쳤음을 인정하고, 그 관계가 다시 회복되기를 바란다는 진정을 전달하는 것이다." 그렇게 할 때 서로의 신뢰 회복은 따 놓은 당상이다.

우정을 회복하려는 노력, 그만한 가치가 있을까?

우정 회복을 위한 이 복잡한 노력을 고려할 때 확실히 가치가 있는 일인지 회의를 품을 수도 있을 것이다. 아무도 결과를 보장할 수 없다. 때로는 친구관계가 회복되어도 예전 같은 만족감을 얻기 어려울 수도 있다. 그러나 옛날 친구에 대한 약간의 그리움이나 회한이 남아 있는데도 아예 시도조차 안 한다면, 그 결과는 보나 마나 뻔하다. 설사 우정이 회복되지 않았더라도 그 과정에서 얻는 만족감은 시도해 보지 않고는 전혀 알 수 없다.

옛 친구 R과의 관계를 회복하면서 나(레슬리)는 이런 점을 느꼈다. 우리는 만나자마자 많은 공감대를 형성했다. 우리는 같은 과 사무실에서 시간제 조교로 일하고 있었고, 남편들은 살벌한 박사 과정을 전일제로 등록한 상태였다. 우리는 서로 마음을 터놓고 지냈다. 학비와 학업 스트레스에 대한 애로를 함께 나누고, 서로를 위해 기도하며 정직한 피드백을 주곤 했다. 함께 있으면 우리는 늘 깔깔대며 웃을 수 있었다.

그러나 나와 남편이 시애틀로 이사하기로 하면서 우리의 관계는 한순간에 달라졌다. R의 첫 반응은 매우 호의적이었고, 나의 설레는 마음에 공감해 주었다. 우리를 위해 따뜻한 송별회가 열린 것도 그녀의 배려 덕분이었다. 우리의 우정을 오래 기억하자고 내게 금으로 새긴 팔찌까지 선물했다. 패서디나를 떠나 시애틀로 이사할 때, 나는 그녀와의 우정이 평생 갈 것으로 생각했다. 그러나 그렇지 않았다.

얼마 지나지 않아 R과의 관계는 지리적으로나 감정적으로나 매우 소원해졌다. 그녀와의 전화 통화는 냉랭하기 이를 데 없었다. 나는 스스로 과도기라고 위로했다. 하지만 그렇지 않았다. 우리의 소원해진 관계에 대해 조심스럽게 내 감정을 그녀에게 털어놓았을 때, 우리 사이의 골은 오히려 더 깊어지고 말았다. 크리스마스카드를 주고받는 것 이외에 우리의 접촉은 말 그대로 뚝 끊겨 버렸다. 내가 그토록 소중하게 생각하던 우정이 신기할 정도로 증발해 버렸다.

4년 후, 나는 R에게 전화를 걸었다. 우정을 회복하고자 하는 뜻보다는 우리 관계를 나름대로 마무리하기 위해서였다. "내 전화가 뜻밖이겠지만, 나는 아직도 옛날 우리가 친했던 시절을 그리워하고 있고, 네가 어떻게 지내고 있는지 궁금해서 말이야"라고 나는 말했다. R은 예전과 다름없이 따뜻하고, 정열적이고, 재미있는 본래의 모습으로 돌아간 듯했다. 그리고 우리 관계가 그렇게 끝나게 된 것에 대해 매우 후회하고 있다고 그녀는 고백했다. 나는 놀라지 않을 수 없었다. 우리의 이별을 계기로 그녀는 자신의 인생에 대해, 상실과 배신감 등 온갖 은밀한 문제에 대해 생각해 보았다고 했다. 우리는 한동안 각자의 근황을 얘기하고 안녕을 빌었지만, 그동안 시간과 공간이 우리 사이에 만들어 놓은 큰 공백을 결코 메울 수 없음을 확인하기도 했다.

그날의 통화는 미묘하게 감정이 엇갈렸다. 안도의 한숨과 함께 후회가 밀려왔다. 우리 둘은 결코 과거처럼 되돌아갈 수는 없다는 사실을 알았다. 화해는 했지만 회복되지 않은 우정이다. 그것만으로도 충분할까? 노력보다 가치 있는 것이었을까? 물론 그렇다. 우리는 아직도 크리스마스카드를 서로 주고받고, 때로 편지를 쓴다. 물론 현재의 친밀감을 표하기 위한 것보다는 한때 우리가 공유했던 우정을 기념하기 위한 것이긴 하지만. 우정이란 심지어 깨졌더라도 나름대로 지속되기도 한다.

깨진 친구관계에 대한 생각거리

01. 그동안 소원했던 친구관계 중, 특별히 중요하게 생각하는 관계가 있는가? 만약 있다면, 그 관계가 당신에게 그토록 소중한 이유는 무엇이며, 그 관계를 다시 회복하고자 하는 마음이 있는가?

02. 친구에게 무엇을 기대하는지에 따라, 어려운 시기에 우정의 존속 여부가 결정된다. 이 점에 대한 당신의 생각은 어떠한가? 친구에 대한 기대가 도를 넘는 경우를 생각해 보자. 그것을 판단하는 방법은 무엇인가?

03. 이 장에서는 우정이 실패하는 원인을 변화, 소홀함, 배신이라고 설명한다. 자신의 잃어버린 우정을 회상해 볼 때, 이들 원인에 근거해 적합한 '치료법'을 찾아낼 수 있겠는가?

04. 깨진 우정을 회복시킬 것인가, 말 것인가를 어떻게 결정할 수 있는가? 다시 말해 친구와 이견이 회복 가능한지 불가능한지 어떻게 식별하는가?

05. 친구와 우정을 되살리는 실제 방법 가운데 이 장에서 제시한 5가지 단계 중 가장 실천하기 어려운 단계는 무엇인가? 그리고 그 이유는 무엇인가? 그 단계를 수월하게 넘어가려면 어떻게 해야 하는가?

친밀한 관계 4

연인

천국을 제외하고 사랑의 위험에서 안전한 곳은 지옥밖에 없다.
– C. S. 루이스(C. S. Lewis)

진정으로 마음과 마음이 통하는 대화를 할 때
사랑을 나눌 수 있다.

- 에리히 프롬(Erich Fromm)

6장

제정신 차리고 사랑에 빠지기

 현기증이 나도록 머리가 몽롱하고, 물에 푼 것처럼 다리가 흐늘흐늘해지는 것을 나는 느낄 수 있었다. 그녀는 몸을 약간 틀면서 머리를 갸우뚱했다. 어깨를 약간 올리며 출렁이는 다갈색 머리를 매만졌다. 한 번 미소를 짓고 눈썹을 내리깔더니, 머리를 약간 숙여 옆으로 돌렸다. 그녀의 신호를 그냥 흘려버릴 순 없었다. 그녀가 내게 보내는 몸짓 하나하나는 분명히 자기에게 접근해도 좋다는 신호였다. 이를 놓치면 안 된다. 그래서 나는 그녀에게 다가갔다.

 말 한마디 던지지 않고 나는 그녀의 손을 잡았다. 손끝의 모든 모세 혈관들이 나의 찌릿찌릿한 감정을 뇌세포로 전달하기 바빴다. 우리는 잠시 서로 마주 보았을 뿐이지만, 그녀의 이목구비를 빠짐없이 기억해 낼 수 있을 것 같았다.

'천생연분 탄생!'이라는 음성이 뇌리에 천둥처럼 울렸다. 똑같은 스테레오 음향으로 통탕거리는 피아노 소리와 휘날리는 현악기 소리가 울려 대는 가운데, 어린 소년의 신경화학 물질이 온 체육관을 휩싸는 것만 같았다. 30여 쌍의 6학년 연인들 틈에서 우리는 서로를 끌어당겼다. 긴 8박자 리듬이 반복되는 동안 우리는 서로의 눈을 뚫어지게 바라보았다. 그 순간 우리를 제외한 모든 사물은 마치 배경 속으로 빨려 들어가서 존재하지 않는 것만 같았다. 우리는 체육 시간에 스퀘어 댄스를 배우고 있었다. 그리고 나는 사랑에 빠진 것이고!

그녀의 이름을 지금까지 기억한다. 하지만 우리는 말 한마디 나눈 적이 없으며, 그녀의 인생에 대해 아는 것이라고는 아무것도 없었다. 하지만 그날 체육관에서 느꼈던 그 강렬한 느낌만큼은 지금도 정확히 기억해 낼 수 있다. 그녀가 내 운명의 여인이라고 생각했다(그렇게 느꼈다고 해야 옳을 것이다). 너무도 신비하고 강력한 느낌이어서 그 외에 다른 말로 설명할 수가 없다.

사랑이란 자신도 어쩔 수 없이 설명하기 힘든 어떤 신비한 감정에 지배되는 것으로 느껴진다. 이런 현상은 성장한 후에도 크게 다를 바 없다. 사랑에 빠지는 것을 고대 그리스인들은 정신을 잃는 것과 같다고 비유했다. 근대의 작가들도 마찬가지이다. 미국의 작가 마릴린 프렌치Marilyn French는 "논리적이고 이성적인 정신 상태가 환상과 자기 파괴로 바뀌는 것이 사랑이다"라고 말했다. "자기 자신은 온데간데없고, 자신을 통제할 힘을 잃고 똑바로 사고조차 할 수 없는 상태"[1]라는 지적이다. 사랑에 빠질 때 정신이 몽롱해지는 현상을 검증해 낸 연구가들도 있다. 뉴욕 주립대 심리학 연구소의 마이클 리보위츠Michael Liebowitz가 연구한 바로는, 남녀가 애정에 불탈 때, 뇌에서 화학 물질(페닐에틸아민)이 분비되어 마음이 부풀고 흥분이 되며, 머리가 가벼워지고 숨이 막히는 등의 심리적·신체적 증상이 동반된다고 한다.

그와 같은 과학적 실험이 있기 훨씬 전부터 시인과 철학자들은 사랑의 심리적 효과에 대해 수없이 언급해 왔다. "사물들을 원래와는 가장 다른 모습으로 보게 하는 것이 사랑이다. 그것은 환상의 힘이 극도의 경지에 이르는 때이다"라고 니체Nietzsche는 말했다. 셰익스피어shakespeare는 "사랑은 눈멀게 한다. 연인들은 서로가 무슨 오류를 범하고 있는지 절대 모른다"라고 서술했다. 윌리엄 블레이크William Blake 또한 "사랑이란 인간 정신의 모든 사슬을 풀어 주는 것이다"라고 정의했다.

사랑이 이렇듯 에로틱한 느낌으로 출발하다 보니 정신을

똑바로 차리기가 쉽지 않다. 격렬한 감정에 휩싸여 자기 자신은 물론이거니와 데이트 상대자, 그리고 둘의 관계에 대해서 객관적으로 바라보지 못하기 쉽다.[2] 사랑에 빠지면 그 관계가 자신에게 유익한 것인지, 건전한 것인지조차 분간하지 못한다. 사랑에 빠진 강렬한 느낌만으로는 두 사람이 앞으로 진실하고 지속적인 관계를 맺으며 끈끈한 사이가 될 수 있다고 속단하기 어렵다. 하지만 사랑의 감정에 빠졌을 때 자신에게 물어보라. 이런 말이 귀에 들어오기나 하는지!

많은 사람은 사랑에 빠지는 순간 정신을 잃는다. 그야말로 제정신을 잃음과 동시에 사랑의 아픔도 배태한다. 이 문제에 대해 대안을 제시해 보고자 하는 것이 이 장의 목적이다. 그 대안이란 바로 '현명한 사랑법'이다. 현명한 사랑을 하는 사람은 연애를 단순히 가슴으로만 하는 것이 아니라 머리로도 한다. 먼저 우리는 현명한 사랑이 무엇인지 그 정의를 살펴보고, 그 효과에 대해 알아볼 것이다. 그다음 사랑의 대상을 발견한 사람들을 위해 어떻게 하면 제정신을 차리고 사랑을 가꾸어 나갈 수 있을지 간략히 설명하겠다.

일단 시작하기 전에 한 가지만 더 알아 두자. 정신을 똑바로 차린 상태에서 사랑에 빠진다는 것은 로맨스와 재미를 반감하는 짓이라고 생각할 사람들이 있을 것이다. 이 사람들은 다음의 질문을 자신에게 던져 보자. "당신은 끈을 자른 채로 번지 점프를 하고 싶은가?" 물어보나 마나 답은 뻔하다. 몇 가지 핵심적인 요소가 결핍된 채로 사랑에 빠진다면, 이는 줄이 잘린 번지 점프를 하는 것만큼이나 불행한 종말을 예고하는 것이다. 핵심 요소를 충분히 갖추고 사랑에 돌진하되, 동시에 사랑의 낭만과 재미는 그대로 맛보고자 하는 것이 이 장의 목적이다.

당신의 애정 지수(Love IQ)는?

다음과 같은 장면을 한번 상상해 보자. 젊은 남녀로 가득한 방에서 포도주 한 잔을 들고 이리저리 사람들 틈새를 비집고 다니다 보면, 최첨단 컴퓨터 기술 덕에 말 한마디 안 하고 자신에게 가장 잘 맞는 파트너를 찾아낼 수 있다. 무슨 공상 과학처럼 들릴지 모르지만, 이것은 MIT 대학의 미디어 실험실에서 고안한 인공지능 꼬리표Thinking Tag[3]의 성능에 관한 이야기이다. 몸에 부착할 수 있는 이 작은 컴퓨터는 방 안에 있는 다른 인공지능 꼬리표를 탐색해서 데이터를 교환한다. 마이크로 칩이 내장된 적외선 송신 카드를 가진 사람은 적합한 파트너를 찾아내는 데 유용한 5가지 질문에 대한 답을 프로그램에 입력한다. 그 후 인공지능 꼬리표를 가진 사람들이 모두 모여 컴퓨터를 이용한 짝짓기를 시작한다. 서로 일정 거리 안에 다가서면, 각자의 꼬리표에 빨강 초록색으로 이루어진 깜찍한 5줄이 정보 교환 결과를 알리며 깜박거린다. 만날 가치가 있는 상대인지 판단하기 위해서는 수많은 대화를 나누며 머리를 굴려야 하는데, 이 장치를 이용하면 그럴 필요가 전혀 없다.

남녀 간의 만남을 이런 인공지능 장치에 의존한다는 것이 너무 '인공적'이라는 생각이 들지 모르겠다. 물론 그럴 것이다. 그래서인지 인공지능 꼬리표는 그리 흥행에 성공하지 못했다. 아직도 대부분의 사람은 서로를 알아내는 데 있어 대화(심지어 인터넷 채팅이라도 불사하며)를 선호하는 것 같다. 그렇다면 꼬리표 없이 어떻게 자기 짝을 척척 알아낼 수 있을까? 애정 지수가 높으면 가능해진다.

당신의 애정 지수는 어느 정도인가? 애정 지수가 높다는 것은 단순히 사랑에 대해 얼마나 알고 있느냐가 아니라, 신비로운 사랑의 감정에 도취하였을 때 얼마나 정신을 똑바로 차리고 사랑에 임할 수 있느냐는 것이다. 그렇다고 낭만적 요소를 배제하자는 것은 결코 아니다. 애정 지수가 높은 사람은 남들과 마찬가지로 로맨스, 짜릿함, 흥미 그 모든 것을 똑같이 소중히 여기고 지향하지만 좀 더 지혜롭게, 좀 더 집중해서, 좀 더 주의 깊게 사랑에 빠진다. 애정 지수가 높은 사람은 현실을 현실이 아닌 것으로 착각하는 오류를 범하지 않는다. 그리고 현재 사귀는 사람과 계속 사귀는 것이 나은지, 오히려 헤어지는 것이 나은지를 분별할 줄 안다. 애정 지수가 높은 사람은 현재의 데이트 상대자를 통해 자기 자신이 더 나아지고 있는지, 오히려 악화하고 있는지 파악할 줄 안다. 이성과의 만남을 바른 방향으로 이끌어 갈 수 있는 것이 바로 현명한 사랑법이다.

사랑의 달콤함에 빠져 뭐든지 불가능한 것이란 없다고 착각하기 쉬울 때, 애정 지수가 높은 사람은 정신을 차리고 실제 상황을 직시할 줄 안다. 애정 지수가 높은 사람도 황홀감과 한숨의 순간들을 경험하지만 필요할 때 지각 있는 결정을 내린다. 따라서 애정 지수가 높다는 것은 제정신을 차리고 사랑에 빠지는 일이라고 요약할 수 있겠다.

애정 지수가 높다는 것은

흔히 사람들은 자동차를 고르는 데 쏟는 시간이나 에너지만큼도 자신의 배우자를 식별하는 데 쏟지 않는 것 같다. 불행히도 100% 우연에 의존하는 로맨스는 그 결과가 생각만큼 좋지 않다. 물론 데이트에 관해 설명하면서 '전략' 등을 운운하는 것이 너무 비즈니스적인 냄새를 풍긴다고 반박하고 싶을지도 모르겠다. "사랑이란 자연스럽게 그냥 일어나는 게 아닌가요?"라고 반문하는 사람들을 많이 보는데, 이는 핑계에 불과하다. 현명하게 데이트를 하려면 현명한 전략을 짜야 한다.

이성과의 만남으로 나는 무엇을 얻고자 하는가? 교제하고 싶은 이성은 어떤 타입인가? 어떤 성격, 자질, 능력을 갖춘 사람이 가장 적합하다고 생각하는가? 이렇게 자신만의 '애인 쇼핑 리스트'를 갖춘 사람들이라 할지라도 함정에 빠진다. 현명한 사랑을 실천하지 않는 한, 당신이 찾고 있는 이상형 목록은 보기 좋게 과녁을 빗나갈 것이기 때문이다.

약 30년 전, 대학생들을 대상으로 가장 이상적인 데이트 상대자에 대해 물으면 '외모'라는 변수는 등수에 오르지도 못했다. 그러나 문제는 그들의 말이 행동과 일치하지 않는다는 것이었다. 이를 보여 주는 전형적인 연구 결과가 있다. 약 700명의 대학생을 대상으로 '컴퓨터 댄스'를 통해 데이트 상대자를 정해 주었다. 연구가들은 각 학생의 지능, 적성, 대인관계 능력, 성격과 취향, 외모 등에 대한 자료로 나름대로 평가를 내렸다. 데이트 상대자에 대해 어떻게 생각하는지는 댄스 중간 휴식 시간에 개인적으로 묻고, 몇 달이 지난 다음에 다시 똑같은 질문을 하기로 했다. 몇 달 후 그들이 어떤 대답을 할지 예측하게 해 주는 데 유효했던 변수는 유일하게 외모 하나였다![4]

요즘 대학생들은 이들에 비해 더 정직한 것 같다. 적어도 겉으로는. 요즘 젊은이들에게 이성과의 만남에서 가장 중요시하는 요소를 물으면 서슴지 않고 '외모'라고 답한다.[5]

자, 이제 신비의 베일은 벗겨진 셈이다. 우리가 인정하든 하지 않든 간에, 이성과의 관계에서 가장 중요한 요소는 외모라는 판정이 나왔다. 바람직하지 못하다고 생각하는가? 꼭 그렇지만은 않다. 성적 매력도 하나님이 설계하신 것의 일부이다. 하지만 이와 동시에 이성 교제의 궁극적인 성공과 실패는 결과적으로 외모 이외의 것으로 판가름 난다는 사실을 주지하지 않으면 안 된다. 다시 말해 일단 외모에 끌려 사랑이 시작된다고 해도 그것만으로 사랑이 유지되지는 않는다는 것이다. 외모는 사랑의 촉발제일 뿐 유지 기능이 없다.

애정 지수가 높은 사람은 이런 진리를 간파하고 표면에 드러난 것 이상을 볼 줄 아는 사람이다. 외적 아름다움뿐만 아니라 그 이면의 지속적인 사랑(심지어 결혼생활까지)을 가능하게 해 주는 토대를 찾아낼 줄 안다. 예일 대학의 로버트 스턴버그Robert Sternberg 교수는 "오늘날 이혼율이 이토록 높게 나타나는 것은 사람들이 짝을 잘못 선택했기 때문이 아니라, 시간의 흐름에 따라 그 중요도가 퇴색될 수밖에 없는 요인들

을 근거로 결혼을 결심했기 때문"이라고 지적한다.[6]

이를 다른 말로 해석하면, 남녀를 서로 이끌리게 하는 원동력(통상 외모)은 두 사람을 계속해서 결속력 있게 묶어 주는 역할까지 하지는 못한다. 안타깝게도 너무나 많은 사람이 서로의 외모, 즉 피상적인 매력에 끌려 일단 만남을 시작해 놓고, 그다음은 막연히 어떻게 잘되리라는 신념으로 운명에 모든 것을 맡기는 경향이 있다. 그러나 이 책을 읽다 보면 이보다 훨씬 우월한 방법이 있음을 곧 알게 될 것이다. 이제부터는 만남의 결과를 순전히 운명에만 의존하지 말자. 현명한 사랑을 함으로써 자신의 애정 생활의 등급을 한 차원 높이고, 애정 지수를 한 등급 상향 조정하도록 하자.

여기서 애정 지수가 높다는 것은 무슨 뜻일까?

자기와 잘 어울리는 사람을 식별해 낸다

"정반대인 사람끼리 끌린다"라는 말이 정설처럼 떠받들어진다. 사실일까? 거의 그렇지 않다. 현실에서는 반대 성향인 사람끼리 끌리는 일이 드물 뿐만 아니라, 설사 그랬다 해도 오래가지 않는다. "유유상종"이라는 말이 상투적이기는 해도 여기엔 진실이 담겨 있다. 생각, 가치관, 취향이 같은 사람끼리 만났을 때 더 친밀한 관계가 형성되고 관계도 오래 유지된다. 좋아하는 음악, 좋아하는 활동, 심지어 좋아하는 음식 등이 같은 경우이다. 선지자 아모스가 "두 사람이 뜻이 같지 않은데 어찌 동행하겠느냐"라고 말한 데는 나름대로 이유가 있는 것 같다.[7]

그렇다면 자신과 유유상종할 수 있는 사람인지 아닌지 어떻게 식별해 낼 수 있는가? 이를 알아보려면 시간을 투자해야 한다. 섣부른 판단을 하는 것보다는 시간이 좀 걸리는 게 훨씬 낫지 않겠는가? 내 친구는 데이트할 때 마치 인류학자라도 되는 듯 남자를 분석한다. 마치 외계인을 분석하듯이, 자신과의 공통점과 차이점 등을 주의 깊게 살핀다. 몇 차례의 경험이 쌓이면서 그녀는 경청하는 데 더 많이 신경을 쓰고, 공통점뿐 아니라 차이점도 상세히 파악해야 한다는 점을 깨달았다고 한다. 그녀의 이와 같은 통찰력은 다분히 진가를 발휘했다. 성급히 속단하는 대신 침착하게 시간을 두고 자신이 수집해 온 데이터 자료들을 훑고 정리함으로써 자신과 상대방이 중요한 부분에서 잘 맞는지 안 맞는지를 판단해 나갔다.

물론 어느 관계든 아무리 친한 사이라도 차이점은 나타나기 마련이다. 하지만 애정 지수가 높은 사람은 공통분모를 바탕으로 이성관계를 가져야 하며, 이것이 더 성공률이 높다는 사실을 알고 있다. 보스턴 대학에서 약 300여 쌍을 대상으로 벌인 유명한 연구가 있다. 관계가 오래가는 연인에 비해 그렇지 못한 연인들은 나이, 교육열, 지적 수준, 외모 등의 기준에서 서로 차이가 많이 난다는 결론이 나왔다.[8] 다른 연구에서도 "정반대인 사람끼리 끌린다"는 가설이 설득력을 잃고 있다. 행복해하는 연인들은 비슷한 점이 많은 연인들인 것으로도 나타난다.[9] 헨리 워드 비처Henry Ward Beecher가 말한 대로 "서로 잘 어울리는 연인은 날개를 단 것과 같고, 어울리지 않는 연인은 족쇄를 찬 것과 같다."

온라인상의 만남을 고려한다

자기에게 잘 어울리는 사람을 찾기 위한 한 방법으로 온라인 채팅을 통한 만남은 어떠한가? 사실 현실적으로 많은 사람이 온라인상의 채팅으로 영혼의 반려자를 찾는다. 미국 9천7백만 미혼남녀의 삼분의 일 정도가 온라인상에서 교제하고 있고, 그중 절반 이상이 실제 만남으로 이어진다고 한다. 20대의 오분의 일, 30대 이상의 십분의 일이 온라인상에서 그들의 짝을 적극적으로 찾고 있으며 그 수는 점점 증가하는 추세이다.[10]

온라인을 통한 만남은 잘 이루어질까? 그 대답은 명백한 "예스"이다. 다양한 나이와 지위의 싱글들이 단순히 데이트 상대를 얻기 위해서가 아니라 결혼을 목적으로 온라인 만남을 시도한다.[11] 매주 우리는 온라인을 통해 연결되고 결혼한 부부들의 행복한 소식을 듣는다. 지난해에는 사교 모임에서 만나 결혼한 부부보다 온라인을 통해 만나 결혼한 부부가 두 배 더 많았다.[12] 최근 한 소비자단체의 조사에 의하면 온라인 데이트 사이트를 이용하던 사람들의 오분의 일 정도가 온라인을 통해 만난 상대와 결혼했다고 한다. 이것은 미국의 연인 중 교회에서 만난 연인의 수보다 많다.[13]

우리는 매년 미국 전역의 수많은 싱글로부터 질문을 받는데 그중 가장 많은 질문은 바로 "온라인상의 만남을 시도해 봐도 될까요?"이다.

주로 자기 인생의 반쪽을 간절히 기다리는 순수한 사람들이 과연 언제 자신의 짝을 만날 수 있을지 고민하며 이런 생각을 한다. 이 진심 어린 질문들을 토대로 몇 년 전 우리는 온라인 데이트에 대해 다방면의 조사를 한 적이 있다. 그리고 『닷컴 데이팅』*Dot.com Dating*이라는 작은 책을 펴냈다.

우리는 평판이 좋은 건전한 온라인 만남 사이트가 자신에게 맞는 상대를 골라 주어 애정 지수를 높여 준다고 본다. 친밀한 이성관계에 대한 포괄적인 연구는 이렇게 밝힌다. "자신에게 맞는 상대를 고르는 것은 친밀한 관계를 시작하기 위한 가장 중요한 필수전제조건이다."[14] 결혼을 목적으로 하는 만남의 성공과 실패는 두 사람의 성격이 얼마나 잘 맞는가에 달려 있다는 것이다. 만남 주선 사이트들이 회원들의 성격을 분석하여 잘 맞는 성격끼리 엮어 준다는 점에서 도움을 얻을 수 있다고 보는 것이다.

상대의 됨됨이를 꼼꼼히 파악한다

C라는 여성은 최근 상대 남자와 다섯 번 정도 데이트를 한 시점에 그가 전화로 어머니에게 고함치는 것을 우연히 들었다. '설마 나한테는 저런 식으로 말하지 않겠지'라고 그녀는 스스로 위로했다. 하지만 1년 정도 지난 뒤 그가 사용하는 유일한 화법은 고함치는 것임을 깨달았다. 그들의 관계가 얼마나 자기 파괴적이었을지는 상상해 보나 마나이다.

이성 교제를 하다 보면 끊임없이 상대의 됨됨이에 대해 일종의 힌트를 얻는다. 현명한 사랑을 하는 사람은 그 힌트를 놓치지 않는다. 상대가 어떤 인격을 지닌 사람인가 하는 것은 앞으로 어떤 이성관계가 펼쳐질지에 지대한 영향을 미치고, 그(녀)의 됨됨이에 따라 당신에 대한 처우가 달라지기 때문이다. 지금 사귀는 남자가 여동생에게 잘하는 남자라면, 당신에게도 예의 있는 모습을 보일 확률이 아주 높다. 이는 그의 됨됨이의 한 부분이며, 가족과 친구를 대하는 태도는 그 사람의 됨됨이를 보여 주는 좋은 지표이기 때문이다.

또 데이트 상대자의 가치관도 살펴보아야 한다. 혹시 늘 피해의식을 느끼는 사람은 아닌가? 늘 남 탓만 하는 사람은 아닌가? 돈을 다루는 태도 역시 한 사람의 가치관을 파악하게 해 주는 지표이다. 현명하게 돈을 쓰는 사람인가? 씀씀이가 헤픈 사람인가? 자신의 말을 잘 지키는가? 약속을 꼭 지키는가? 믿을 만한 사람인가? 어떤 영적 가치관을 따르는가? 영적 문제에 관해서도 이야기하는가? 영적으로 갈구하는 마음이 있는 사람인가?

상대방의 가치관을 파악하는 데 있어서 좋은 방법은 상대가 어떤 경우에 웃고, 무엇에 두려움을 느끼며, 무엇을 좋아하고, 어떻게 자기 시간을 쓰는 사람인지 꼼꼼히 살펴보는 것이다. 상대의 됨됨이와 가치관을 잘 알면 알수록, 당신은 더욱 현명하게 이성 교제를 나눌 수 있다.

상대를 딴사람으로 변화시키려 들지 않는다

1958년 알프레드 히치콕Alfred Hitchcock 감독이 만든 "현기증"Vertigo이라는 영화는 많은 사람을 놀라게 했다. 무시무시한 장면이 많기도 했지만, 가장 경악을 금치 못한 장면은 지미 스튜어트가 죽은 애인과 똑같은 모습으로 킴 노박을 바꾸어 놓은 것이다. 회색 정장에 하얀 블라우스, 넘실거리는 금발의 곱슬머리까지 너무도 똑같아졌다. 그렇게 해서 잃어버린 행복을 되찾고 싶었겠지만, 결과적으로 두 사람 다 불행하게 끝나고 마는 것이 영화의 결말이다.

어떤 관계든 억지로 다른 사람을 본래의 모습과 다르게 변화시키려 한다면, 불행한 종말은 반드시 예정되어 있다. 이는 우매한 사랑을 하는 사람들이나 하는 짓이다. 그동안 상담했던 사람 중 얼마나 많은 사람이 데이트 상대자를 자기에게 맞게 '고칠 수 있다'고 생각하는지 정말 놀라울 정도였다. 상대를 놓치고 싶지 않은 처절한 마음으로 말도 안 되는 거짓말의 환상(상대의 결점은 사랑의 힘으로 반드시 없앨 수 있다!)을 붙잡으려 한다. 하지만 결점은 쉽게 없어지지 않는 법이다. 애정 지수가 높은 사람은 이를 잘 안다. "현재 보이는 대로 얻는다"라는 속담처럼 상대의 현재 모습에서 결점을 바꿔 새사람을 만들 수 있는 확률은 매우 희박하다.

상대방을 변화시킬 수 있다고 믿고 싶어 하는 사람들에게 우리는 이렇게 말하곤 한다. 자신의 몸무게를 다만 5kg 정도 줄이는 일도 얼마나 힘든 일인지 알지 않느냐고. 하물며 한 사람의 인격 전체를 바꾸는 일이랴! 고개를 끄덕이지 않을 수 없을 것이다.

자, 그럼 결론을 내려 보자. 연애하는 동안 상대의 치명적인 결점을 발견했는데도 결혼만 하면 상대를 새사람으로 바꿔 놓을 수 있다고 믿고, 또 그렇게 다짐하는 사람들은 휘발유를 끼얹고 불타는 집으로 들어가는 것과 마찬가지이다. 애정 지수가 높은 사람은 이 정도는 기본으로 알고 있다.

자신을 딴사람으로 바꾸려고 하지 않는다

애정 지수가 높은 사람은 상대를 새사람으로 만들려고 하지 않을 뿐만 아니라, 상대를 위해 자신을 딴사람으로 바꾸려 들지도 않는다. 23살의 J라는 여성은 불행히도 이 점을 깨닫지 못했다. 그녀는 D라는 멋진 남자를 만났고, 어쩌다 자기가 이렇게 멋있는 사람과 데이트를 하게 되었는지 자신의 행운을 의심할 정도로 들떠 있는 상태였다. "그는 매우 근사한 사람이에요. 한 가지도 빠지는 게 없어요. 멋진 외모, 자신감, 좋은 직업, 게다가 유머 감각까지 있어요. 그런 사람이 내게 데이트 신청을 하다니 믿을 수가 없어요." 그녀는 친구 엄마가 D의 직장에서 함께 일하고 있어서 D의 신상 정보 등을 알아낼 수 있었다고 덧붙였다.

J는 D의 취미가 보트 타기와 재즈 밴드에서 색소폰 연주하기라는 사전 정보를 입수했다. 그리고 인도 여행을 많이 했다는 것도 알아냈다. D에 대한 사전 지식을 바탕으로 그녀는 보트 타기, 재즈, 인도 등에 대해 미리미리 예습을 열심히 했다. 문제는 데이트 당일, 그녀가 이런 지식을 공통의 관심사로만 써먹은 것이 아니라, 한술 더 떠 선의의 거짓말을 하면서 생겼다. "저는 디지 길레스피 Dizzy Gillespie를 너무나 좋아해요"라며 그녀는 눈을 반짝였지만, 바로 어제만 해도 그가 누구인지조차 몰랐다! 인도 음식의 'ㅇ'자도 모르면서, 자기

가 제일 좋아하는 음식이 인도 음식이라고도 말했다.

그다음 무슨 일이 벌어졌을지는 뻔하다. D는 드디어 자신의 천생연분을 만났다고 생각하며 그녀에게 "우리 둘은 너무 똑같아서 섬뜩한 느낌이 들 정도예요"라고 말했다.

그 후에 일어난 일들은 그야말로 섬뜩할 정도이다. 그들의 데이트는 몇 번 만에 보기 좋게 깨졌고, J는 우리 상담실에 찾아와 전에도 번번이 괜찮은 데이트 상대자를 만나면 그들이 기대하는 여성이 되려고 비슷한 실수를 저질렀다고 고백했다. 그녀는 마치 카멜레온이 주변 색깔에 따라 변신하듯 자신의 성향, 자신의 성격 자체를 완전히 딴 모습으로 바꿈으로써 상대에게 더 매력적인 여인이 되려고 애쓴 것이다. 그녀의 데이트들이 오래가지 못했던 것은 아주 당연한 일이다. 자기 자신에게 진실하지 않은 사람은 누구나 똑같은 경험을 하게 될 것이다.

상대에 따라 자신을 딴 모습으로 바꾸려는 J의 경우는 스스로 그런 강박관념을 자초한 것이지만, 데이트 상대자로부터 이와 비슷한 압력을 받는다고 고백한 사람도 꽤 많이 보았다. 내부이건 외부이건 사랑을 한다고 해서 자신을 딴사람으로 바꾸려는 노력은 헛되다. 자기 본래의 모습이 최고의 모습이다. 만약 상대방에 맞춰 자신을 크게 바꿔야겠다는 강박관념이 든다면 "절대 안 될 걸!"이라는 빨간 경고등이 눈앞에 번쩍이고 있음을 상기하라. 자신 있게 본인의 모습이 되자. 앙드레 지드Andre Gide의 말처럼 "자신의 본모습을 보여주고 미움받는 것이 딴사람인 척해서 사랑받는 것보다 훨씬 낫다!"

갈등을 회피하지 않는다

남자 친구가 약속한 시간에 데리러 오지 않았든, 여자 친구가 사람들 앞에서 자기에게 무안을 주었든, 무슨 이유가 되었든, 어떤 장소가 되었든, 싸움은 반드시 일어나기 마련이다. 이러한 일을 겪고 나면 온통 머리가 혼란스럽고 겁이 덜컥 날 것이다. 환상이 깨지면서 그동안의 관계가 다 망가진 게 아닌가 하는 두려움이 몰려올 것이다. 그러나 절대 그렇지 않으니 안심해도 좋다. 우매한 사랑을 하는 사람만이 작은 갈등에도 견디지 못하고 도망을 친다. 현명한 사랑을 하는 사람은 오히려 거친 말싸움을 하고 감정을 상하게 하더라도 이를 통해 서로 더 잘 이해하고 그 관계에 대해 더 잘 이해할 수 있다.

P양은 최근 T군과 사귀는 중이다. 만난 지 약 4주 정도 되었을 무렵, T의 회사에 파트너 동반 만찬 모임이 있었는데 그는 그녀를 초대하지 않았다. P는 약간 마음이 상했으나, 그들이 만난 지 얼마 안 되었기 때문이라고 생각하며 혼자 삭였

다. 만난 지 약 7주가 되었을 때, T는 고등학교 동창 모임에 그녀를 동반하지 않고 갔다. P는 슬쩍 화가 났다. 그렇지만 그들은 여전히 데이트를 했다. 그들은 아직 연인이 아니라고 생각한 탓일까? T는 추수감사절 때 그의 가족과 그녀가 있는 시애틀을 떠나 캘리포니아에 사는 대학 동창에게 다니러 갔다. 더는 참지 못한 그녀는 마침내 '뚜껑이 열렸다.' 처음으로 그들은 크게 한바탕 싸웠으며 서로 소리를 지르고 울며 난리를 쳤다.

각자 집으로 돌아간 그들은 머릿속에서 수천 번도 더 싸움 장면을 되감았다가 풀었다가를 반복했다. 먼저 수화기를 든 것은 P였고, 그렇게 해서 말문이 트인 그들은 밤을 꼴딱 새우면서 처음으로 진지하게 그들의 관계에 관해 얘기했다. T는 그들이 '연인'이라고 못 박히는 것에 대해 두려워했다는 것을 솔직히 고백했다. 하지만 진심으로 그녀와의 관계를 중요시하며, 앞으로 계속 사귀어 나갈 마음이 있다고 털어놓았다.

마라톤 대화 끝에 그들은 몹시 심신이 지쳤다. 하지만 서로 훨씬 더 가까워졌음을 느낄 수 있었다. "몇 개월 동안 사귄 것보다 이 한 번의 싸움으로 T라는 사람을 더 잘 알게 되었다"는 것이 그녀의 고백이다. 이와 같은 싸움이 언젠가 또 다시 일어날 게 분명하지만 동시에 이런 갈등을 어떻게 헤쳐 나가고 자신에게 유리하게 사용할지 알 것 같다고도 했다. 그녀는 애정 지수가 높은 사람이었다.

자신의 하한선을 그을 줄 안다

G와 B가 처음으로 교제를 시작할 당시, 주말 데이트를 하고 싶으면 G군이 그녀에게 목요일 저녁쯤에 전화해서 약속을 잡았다. 하지만 주말 데이트를 할 의향이 없을 때는 전화 한 통도 하지 않았다. 몇 주를 이런 식으로 만나다가, B가 드디어 제동을 걸었다. "완전히 균형이 깨진 느낌이었어요. 저는 통제권이 없는 것 같았죠. 주말에 그를 보고 싶으면 목요일까지 그의 전화를 기다려야 했고, 그때까지 다른 주말 계획을 전혀 잡을 수가 없었어요." 그녀는 목요일이 다가오자 이번 토요일에는 약속이 있어 바쁘다고 귀엽게 선언을 해 버렸다. G가 말귀를 알아들을 때까지 그녀는 계속 주말 데이트에 응하지 않았고, 덕분에 G의 일방적인 행동 패턴은 바뀌었다.

이것은 아무것도 아닌 작은 일 같지만, 매우 중요한 의미가 있다. 애정 지수가 높은 사람은 이성을 사귈 때 나름대로 기준을 가지고 있다. '어디까지는 참을 수 있고, 어디부터는 참을 수 없는지'에 대해 자신만의 하한선을 그어 놓는다. 그것이 안부를 묻는 일이든, 다른 사람을 만나는 일이든, 성에 대한 것이든, 현명한 사랑을 하는 사람은 스스로 자신의 존엄성, 품위, 행복감을 지켜 나갈 줄 안다.

사람마다 각자 다른 하한선을 가지고 있다. 문제 하나하나에 대해 어디까지 하한선을 그으라고 각 개인에게 조언할 수는 없는 일이다. 그것은 각자가 알아서 결정할 일이다. 문제는 자신이 참을 수 있는 일과 그렇지 못한 일에 대해 자신이 주도권을 쥐고 있어야 한다는 점이다. 자신이 상대에게 기대하는 것이 무엇인지 파악하고, 어디까지는 굽히고 어디 이상은 굽히지 말아야 할지를 아는 것이다.

한 가지 조심할 점은, 자신의 하한선을 고수하기 위해서는 상대와 헤어질 각오도 하고 있어야 한다는 것이다. 자신이 환하게 피어나는 것을 오히려 망치는 이성 교제라면 기꺼이 끝낼 각오를 하자. 현명한 사랑의 핵심은 바로 이것이다. 엉망진창인 교제라면 차라리 하지 않는 게 낫다.

운명적인 사랑, 어떻게 지킬까?

"시작은 언제나 좋다"라는 프랑스 속담처럼 이성과의 새로운 교제는 늘 시작이 싱그럽다. 하지만 시작이 아무리 좋아도 시작은 그저 시작에 불과하다. 그 좋은 관계가 장기전이 될 수 있을지는 시간만이 말해 줄 수 있다. 그러나 애정 지수가 높은 사람은 단순히 그 확률을 운명에 맡기지 않고 자신에게 유익이 되게 한다. 이 장의 마지막 부분은 운명적인 사랑의 대상을 만났다고 생각하는 사람들을 위한 조언이다.

사랑은 동적이다. 어딘가에 빠졌다가 다시 밖으로 빠져나오는 그런 종류가 아니다. 마치 물과 같이 조류의 흐름이 있다. 앤 모로 린드버그Anne Morrow Lindbergh는 그의 저서 『바다의 선물』*Gift from the Sea*에서 "우리가 누군가를 사랑할 때는 언제나 같은 농도로 사랑하는 게 아니다"라고 밝힌다. 한결같은 사랑이란 불가능한 것이다. 그런데도 애정 지수가 낮은 사람은 사랑이 한결같지 않으면 불평한다. 반면 애정 지수가 높은 사람은 사랑이 물과 같이 자유롭게 흐른다는 것을 알기 때문에 사랑의 기복에 휩쓸리지 않고 믿음을 잃지 않는다. 동시에 "이제 사랑하게 되었으니 행복 시작, 불행 끝"이라는 미신에 팔려 방심하며 앉아 있지도 않는다. 애정 지수가 높은 사람은 늘 사랑하며 사는 법을 연습한다.

만약 당신이 이제 막 피어나기 시작한 행복하고 건전한 사랑의 교제를 시작했다면, 사랑의 감정이 영원히 지속되리라는 착각에 빠지지 않도록 하자. 그렇지 않으면, 실망감을 맛보게 될 것이다. 린드버그가 말했듯이 밀물이라고 기뻐 뛰지 말고, 썰물이라고 속상해하지 말자. 아무리 사랑스러운 시작이었다 할지라도, 사랑은 유기적으로 계속해서 변하는 것임을 아는 것이 진정으로 애정 지수가 높은 것이다.

사랑에 빠진 내게 던지는 질문

01. 사랑에 빠지는 것과 사랑에 심취되는 느낌은 어떤 단어들로 표현되는가? 이 2가지는 같은 느낌인가?

02. 저널리스트 헬렌 로우랜드(Helen Rowland)는 다음과 같이 말했다. "사랑이란 간단히 말해 상상력의 코르크 마개를 열어, 상식이 담긴 병을 쏟아 버리는 것이다." 나는 사랑에 빠질 때, 어떻게 판단력이 흐려지고, 상식을 상실하게 되는가?

03. 데이트 상대자의 됨됨이를 파악하는 것이 현명한 사랑법이라는 데 동의하는가? 이것을 잘 파악해 내는 방법에는 무엇이 있을까?

04. 남을 자신에 맞게 고쳐 보려고 노력한 적이 있는가? 또는 남에게 맞추기 위해 자신을 변화시키려고 노력한 적이 있는가? 각각 어떤 결과가 초래되었는가?

05. 데이트할 때 나름대로 '하한선'을 그어 놓았는가? 데이트 상대자에게 이 점을 알게 할 필요가 있다고 생각하는가? 만약 그렇다면 어떤 방법을 쓸 것인가?

섹스로 사랑을 시험할 수 없다.
이는 시험대에 올리는 순간
바로 망가진다는 사실을 시험하려는 것과 같다.

— 루이스 스메디스(Lewis Smedes)

7장

섹스, 거짓말, 그리고 대탈출

"자지, 보지." 내(레스) 입에서 이런 말들이 쏟아져 나오다니! 도저히 나 자신도 믿어지지 않았다. 그러나 성능을 다한 카세트가 자동 반복을 재현하듯, "자지, 보지"라는 말이 줄줄이 나왔다. 나는 계속해서 이 말들을 쏟아 놓았다. 농담이라고는 한마디도 못하게 생긴 한 교수의 지시를 받아 완전히 초면인 박사 과정 학생들 앞에 서서 이 단어들을 큰 소리로 반복해야만 했다. 성에 대한 첫 시간이었다. 자기소개도 일절 없이, 그 교수는 자기 이름을 칠판에 쓴 뒤, 교육 과정에 있던 우리 심리학도들에게 단도직입적으로 이렇게 말했다. "성이라는 주제는 사람들을 긴장시킵니다. 하지만 성에 관해 얘기하는 것을 불편해하면 결코 훌륭한 심리학자가 될 수 없습니다."

교수의 이 한마디로 강의실에 있던 모든 학생은 처음 성교육을 받은 6학년 어린이들처럼 어색함으로 얼굴이 굳어졌다. 교수는 출석부를 뒤적이더니 "패럿 박사, 먼저 시작해 보세요"라고 말했다. '대체 뭘 나부터 시작하라는 거지? 왜 하필 나란 말이야? 왜 내가 처음으로 매를 맞아야 하는 거야?' 하는 생각이 머리를 사정없이 흔들어 댔다. 나는 그야말로 교실을 뛰쳐나가든지, 아니면 책상 밑에라도 기어들어 가고 싶은 심정이었다. 줄행랑을 놓고 싶은 생각만 간절했다. "일단 앞으로 나오세요." 교수의 말은 더욱 가슴을 철렁하게 했다. 심장은 정신없이 뛰기 시작하고 얼굴은 빨개졌으며 이마에는 구슬땀이 송골송골 맺히기 시작했다.

"지금 기분이 어때요?"라고 교수가 물었다. "괜찮습니다"라고 내가 대답하자 교수는 다른 학생들을 내려다보며 "잘됐군요. 그럼 지금부터 스튜어트 박사 눈을 똑바로 바라보고 '자지' '보지'라고 또박또박 말해 보세요."

조심스러운 웃음소리가 터져 나왔고, 강의실의 학생들은 도저히 믿을 수 없다는 눈치였다. '설마, 농담이시겠지!'라고 생각했으나 농담이 절대 아니었다. 교수는 강의실에 있는 박사 과정 학생 모두 한 사람, 한 사람 앞으로 불러 세워 그녀가 애창하는 두 단어를 또박또박 말하도록 시켰다. 매도 먼저 맞는 게 낫다고, 내 차례가 끝나자 나는 자리로 돌아와 이마의 땀을 닦으며, 다른 학생들이 '고문'당하는 모습을 여유롭게 지켜볼 수 있었다.

전원이 다 마치는 데 약 30분 정도가 걸렸다. 하지만 이제와 생각해 보니 나름대로 보람 있는 시간이었다. 좋은 심리학자가 되려면 성에 대한 껄끄러운 느낌을 극복해야 한다는 교수의 말이 전적으로 옳았던 것 같다. 왜냐하면 성은 우리의 일부이기 때문이다. 만약 성에 대해 불편하게 생각한다면 우리는 온전해질 수 없다. 그 후로도 그 교수의 강의를 통해 많은 것을 배웠지만, 그중 첫 시간의 강의가 이제껏 머리에서 지워지지 않는다.

물론 독자들에게 이런 연습을 하라고 권하지는 않겠지만, 다음 페이지들을 읽어 나가다 보면 어쩔 수 없이 성과 관련된 껄끄러운 이슈들을 정면으로 마주치게 될 것이다. 일단 성에 대한 진실을 오도하는 2가지 근본적인 거짓을 짚고 넘어가자.

거짓말 1: 성욕이란 동물적 본능이기 때문에 통제할 수 없다.
거짓말 2: 성행위는 자신감과 매력도를 확인시켜 주기 때문에 자신의 자아상을 개선해 준다.

물론 이 장을 집필하는 목적이 독자들에게 혼전 성행위에 따른 치욕이나 질병에 관한 끔찍한 얘기를 해서 혼전순결을 고집하게 하자는 것도 아니고, 어떻게 수정이 되고 콘돔 사용이 얼마나 중요한지 교육하자는 것은 더더욱 아니다. 그와는 전혀 다른 방식으로 성에 접근할 것이다.

일단 인간의 성적 본능은 새나 곤충들과 다른 뛰어난 차이점을 가지고 있음을 설명할 것이다. 그다음 '온전한 자아에 대한 열망'을 성욕이라는 틀에서 살펴보고, 그것이 어떻게 '성급한 성행위'를 부추기는지 알아보겠다. 그리고 나머지 부분에서는 자신의 성에 대해 현명한 선택을 함으로써 가장 만족스러운 성을 경험하는 방법을 살펴본다. "아직은 안 돼"라고 말하는 것이 왜 현명한 일인지 솔직한 의견을 제시할 것이며, 그다음 후회스러운 성행위로부터 자신을 복원하는 방법에 관해 이야기할 것이다. 먼저 '동물적 본능'이라는 단어를 살펴보자.

성행위, 그 이면의 세계

'동물적 본능'은 인간의 성욕과 관련해 가장 흔히 사용하는 표현이다. 그러나 이 말을 애용하는 사람들은 동물 세계의 변태적이고 이상한 면에 대해서는 그다지 모르고 하는 말인 것 같다. 자, 이제 그 증거를 찾아보자(단, 어린이는 절대 흉내 내지 말 것). 사마귀 암컷이 교미하는 과정에서 수컷의 머리를 먹어 버린다는 사실은 익히 들어서 알고 있을 것이다. 하지만 머리가 반 토막 난 상태에서도 수컷은 계속해서 성교를 한다는 사실도 아는가? 바다 벌레 암컷은 수컷을 갑작스럽게 공격해 꼬리를 먹어 치우면서 수정을 한다. 설득력을 더하기 위해 끔찍한 예를 하나만 더 들어 보자. 그 이름만으로도 죽음을 연상시키는 흑거미는 하루에 25마리의 수컷을 먹어 치운다.

물론 동물들이 모두 이렇게 끔찍한 방법으로 교미하는 것은 아니다. 암컷을 꾀기 위해 꽤 감동적인 노력을 하는 수컷들도 많다. 낭만파 중의 낭만파인 뒤쥐mole rat가 대표적인데, 이들 수컷은 신접 살림집을 마련할 뿐만 아니라, 특별히 짝짓기만을 위해 멋있는 '신방'을 꾸민다. 또 빨간눈청개구리 암컷은 수컷을 등에 업고 다니다가, 일정 높이까지 들어 올린 후 살포시 내려서 알을 수정한다.

고양이들의 야간 애정 행각은 그 날카로운 소리로 아주 유명하다. 마치 손톱 긴 여자가 칠판을 긁어 대는 것만큼 괴로운 소리를 낸다. 고양이와 달리 개들은 아무 데서나 성행위를 하는 경향이 있다. 그야말로 시와 때, 상대를 가리지 않는다. '동물적 본능'에 인간의 성욕을 비유한 것은 바로 이러한 맥락에서 이루어진 것이 아닌가 싶다.

그러나 인간의 성욕은 일반 동물들과 확연히 차이가 난다. 어떤 차이일까? 인간의 성적 충동은 인간의 학습 활동이 대부분 일어나는 대뇌피질이 관장한다. 다시 말해 인간은 고도로 발달한 뇌를 통해 언제, 어디서, 어떻게 성적 욕구를 발산할지를 학습한다는 것이다. 인간은 자신의 성욕을 스스로 책임질 수 있다는 말이다. 심지어 생화학적 욕구가 우리 두뇌와 일대 접전을 벌인다 할지라도 우리 인간에게는 선택할 수 있는 힘이 있다. 인간은 호르몬 그 이상의 존재이다. 동물의 뇌와 달리 인간의 대뇌피질은 성욕을 통제할 수 있도록 해 준다.

성욕을 억제하는 인간의 힘에 대해 아직 충분히 이해가 가지 않는다면, 산부인과 남자 의사들을 한번 생각해 보자. 그들은 온종일 성적 감흥이나 발기 없이 여성의 성기를 들여다보며 진찰을 한다. 그리고 저녁에 집에 돌아가 아내의 야한 잠옷을 보고는 성적 흥분을 느낀다. 그 이유는 바로 두뇌의 힘 때문이다.

인간의 왕성한 성욕을 과소평가하려는 것은 결코 아니다. 인간의 성욕은 탄생 직후부터 매우 강력하다는 것은 인정하지 않을 수 없는 사실이다. 남아들도 출산 몇 분 후에 발기 현상을 보이며, 여아들도 몇 시간 만에 성기가 축축이 젖는다. 두말할 것 없이 우리 인간은 성적인 존재라는 뜻이다. 따라서 그것은 부인할 수 없는 절대적인 사실이다. 사실 성욕이란 우리 자신의 중요한 일부분이기도 하며, 하나님이 설계하신 것이기도 하다. 혼자 있더라도 성욕을 가로막지는 못한다. 그러나 다시 강조하지만 인간의 성욕이 아무리 당연하다 할지라도 주체할 수 없는 호르몬의 영향에 속수무책은 아니다. 즉 성욕이 있음에도 불구하고 '그것을 해야 하는' 동물적 본능에 질질 끌려다닐 필요는 없다는 말이다.

성의 기쁨

그렇다면 인간은 대뇌피질이라는 인지 능력을 통해 자신의 성적 충동을 통제할 수 있는데도 왜 그토록 자주 성욕이 문제의 원인이 되는 걸까? 좀 더 의도적이고 의식적으로 자신의 성적 욕구를 사용할 수는 없는 것일까? 왜 그토록 많은 혼외정사, 성병, 원치 않는 임신, 임신 중절 등이 발생하는 것일까? 왜 그토록 많은 실연의 아픔과 상실을 겪는 것일까?

이에 대한 답을 찾는 과정에서 할리우드가 찍어 내는 작품들의 영향을 결코 무시할 수 없을 것이다. 최근에 가장 히트했던 작품들을 한번 살펴보자. 인기 코미디 시트콤 "프렌즈"Friends를 보자. 어느 날 피비는 새로 사귄 남자 친구가 자기랑 자려 하지 않는다고 큰 고민에 빠졌다. "그놈이 그렇게 비싸게 군단 말이야?" 친구들은 모두 그녀를 동정한다. 혹시 동성연애자는 아닌가 의심의 날개를 펼쳐 보기도 한다. 후에 피비는 만면에 희색이 가득한 채 등장한다. 그녀가 드디어 '해냈던' 것이다. 그녀가 설명한 비법으로는 성행위를 빌미로 절대 심각한 관계로 발전시키지 않겠다고 그 남자를 단단히 설득했다는 것!

"멜로즈 플레이스"Melrose Place에서는 곤드레만드레 취한 제이크가 처음 만난 여자를 호텔로 데려온다. "나중에 매달리지 않는 거다!"라고 그녀에게 재차 확인한다. 그녀는 그 대답으로 브래지어 끈을 어깨에서 내린다.

"사인펠트"Seinfeld를 보자. 이 코미디에서는 갑자기 피임용 스펀지가 떨어져 웃지 못할 위기가 닥친다. 피임용 스펀지 부족 현상에 직면한 일레인은 상대 남자가 잠자리를 같이할 만한 인간인지 판단하기 위해 그제야 대화를 시작해 본다.

"위기의 주부들", "섹스 앤 더 시티" 등과 같은 성에 대해 개방적인 드라마들은 다른 다양한 리얼리티 쇼들과 함께 계속 제작되고 있다.

시트콤이나 드라마(라디오, 영화, 뮤직비디오는 두말할 것 없고)에 이렇게 비춰지는 대범한 성행위는 그 예가 끝이 없다. 문제는 TV에서 성에 대한 언급과 함께 피임, 임신 중절, 성병에 대한 언급을 곁들이는 것은 고작 84번에 한 번꼴이라는 점이다.[1] 그렇다면 더 말해 무엇하겠는가? 이를 알기 쉽게 표현하면, 성의 결과는 쏙 뺀 채 성행위 자체만을 미화하는 온갖 프로그램이 날이면 날마다 우리 가정에서 방영되기 때문에, 우리의 실제 삶에서 적지 않은 폐해가 발생할 수밖에 없다는 것이다. 아이러니하게도 이런 현상을 기막히게 꼬집은 것도 TV 프로그램 중 하나인 "심슨"에서이다. 바트 심슨은 "TV를 안 보려야 안 볼 수가 없어요, 아빠. 부모님이 우리를 길러 주는 시간보다 TV가 우리를 길러 주는 시간이 훨씬 더 길거든요"라고 일갈한다.

그럼 일단 미디어가 성에 대해 잘못된 신화들을 대량 생산한다는 것은 기정사실이라 치자. 그렇다면 모든 잘못은 다 할리우드의 탓일까? 솔직히 말하자면 꼭 그렇지만은 않다. 성급한 성행위의 진짜 이유는 각 개인 내부에서 찾아볼 수 있으며, 이는 1장에서 설명했던 '자아 완성의 열망'에서 비롯된다고 할 수 있다. 자기 자신에 대해 확고한 자기애 self esteem, 즉 자신이 누구이며 무엇을 원하는지 모르는 상태에서 이성 교제에 들어간다는 것은 불장난만큼이나 위험하다.

일단 여성의 경우를 생각해 보자. 정서가 불안정한 여성은 자신의 매력에 대해 늘 불안해한다. 그러다 보니 자기 가치나 이성과의 친밀도를 성적 매력과 혼동한다. 버지니아에서 미혼모의 집을 운영하는 친구가 있어서 그곳을 방문한 적이 있는데, 그곳에 있는 대부분의 청소년 미혼모들은 가정에서 받지 못한 사랑, 따뜻한 포옹과 인정을 받기 위해 어리석게 자신의 성적 매력을 시험한 희생자들이라고 한다. 즉 자신이 매력 있는 존재인지를 확인받으려다가 미혼모가 되기에 이르렀다.

최근 상담실을 찾은 한 20대 대학생도 "성이란 나를 매력적이라 생각하는 사람이 있음을 확인시켜 주는 증표 같은 것"이라고 털어놓았다. 남자 친구와 나누는 성은 다름 아니라 자신이 매력적이고 사랑스러운 여자임을 증명하는 리트머스라는 것이다. 또 이를 통해서 자신의 정서적 불안과 낮은 자애심을 떨쳐 버리는 데 도움이 되었다고 한다. 매력적인 존재가 되고 싶은 마음 그 자체는 하나도 나쁠 것이 없다. 하지만 그 동기가 자신의 정서적 불안이고, 무슨 대가를 치르든지(심지어 감언이설이나 하룻밤의 유희로 이용되는 것을 감수하고서라도) 만족하고야 말겠다는 절박감이 서려 있다는 데 큰 문제가 있다.

남성들의 경우 "나는 성적 능력이 충분한가?"라는 명제가 가장 큰 관심사이다. 불안정한 정서를 가진 남자들은 성을 통해 자신의 힘, 경쟁력, 성취도, 성과를 확인하고 싶어 한다. 심한 경우, "몇 번을 했느냐"로 시합을 벌이기도 한다. LA 근교의 레이크우드라는 곳에서 일어난 스퍼 포시Spur Posse 사건은 이를 극단적으로 보여 주는 끔찍한 일이었다고 할 수 있다. 한동안 신문의 머리기사를 연이어 장식했던 이 사건은 8명의 고등학교 운동선수들이 여학생들을 무더기로 '유혹해' 성행위를 일삼고, 득점 카드에 횟수를 기록해 가며 서로의 점수를 비교하는 비행을 저지르다 체포된 사건이다. 이 사건을 계기로 레이크우드 지역 사회는 완전히 분열되었다. 대부분의 시민이 이 운동선수들의 끔찍한 행위에 아연실색했지만, 체포된 학생들의 몇몇 아버지는 자기 아들의 잘못을 두둔하고 나섰다. 일컬어 "자연스러운 성장 과정의 일부로 남자가 되어 가는 과정에서 겪는 통과의례"라는 것이다! 이 사건에 연루되었던 18살의 K가 집에 돌아왔을 때 그의 아버지가 한 말이 더 가관이다. "내 아들이 한 행위는 젊은 피가 솟는 미국의 10대라면 누구라도 할 법한 일일 뿐이다." 이들 남학생들이 전혀 개전의 여지를 보이지 않았을 것은 너무도 뻔한 일이다. "우리 아버지는 친구분들에게 자랑삼아 이야기하시던데요. 이런 것 가지고 호들갑 떠는 사람은 엄마밖에 없었어요. 아마 프로이트가 얘기했던 '남근 사상'과 관련이 있지 않을까요?"**2**

 너무 특이한 일에 불과할까? 그렇지 않다. 옛날부터 정서가 불안정한 남자들은 '남성다움'을 과시하기 위해 자신의 성적 능력에 매달리곤 했다. 또 일부 남자들은 "몇 명의 여자와 했느냐"보다 "얼마나 어린 여자와 했느냐"로 자신의 남성다움을 과시하곤 했다. 미국 전역에서 시행한 조사 보고에 따르면, 아이를 출산한 10대 소녀의 삼분의 이는 성인 남성들과의 관계로 임신했다고 한다.

 이야기를 더 전개하기 전에 미리 명확하게 결론부터 내리도록 하자. 성급한 성행위는 어떤 경우든 당신과 당신이 맺고 있는 이성관계를 정당화시켜 주지 않는다. 여성들이여, 당신은 결코 성행위를 통해 매력적인 여자가 되지 못한다. 남성들이여, 성행위를 통해 당신의 정서적 불안이 사라질 수 있으리라 기대하지 말라. 성급한 성행위는 오히려 그 반대의 결과를 가져올 것이다. 더 극심한 자기 경멸과 절박감, 외로움, 불안감만을 느끼게 될 것이다. 그렇다면 성적 존재인 우리는 도대체 어떻게 해야 할 것인가?

성에 관한 5가지 선택

최근 우리 부부는 성 심리 치료사 클리포드와 조이스 페너 부부 Clifford and Joyce Penner와 온종일 합숙하며 성 심리에 관해 설명을 들은 적이 있다. 그들의 베스트셀러 『성이라는 선물』 The Gift of Sex, 『당신의 놀라운 성생활을 위하여』 Getting Your Sex Life Off to a Great Start는 대단한 주목을 끌었다. 이 부부는 거의 20년 동안 성에 대해 상담을 해 왔으며, 성에 관한 한 상상할 수 있는 거의 모든 사례를 상담하였다. 사람들이 최상의 성생활을 영위할 수 있도록 돕기 위해 말 그대로 자신의 이력을 전부 투자한 이들은, 어떻게 해야 가장 만족도 높은 성을 경험하며, 어떻게 하면 성이 고통 그 자체로 끝나는지 너무도 잘 설명할 수 있는 사람들이다. 또 훌륭한 성행위란 생물학적 측면 그 이상의 것이 필요하다는 것을 이해하는 사람들이다. 이들은 특히 불타오르는 열정의 순간만이 아니라 불이 꺼진 순간까지, 성행위가 지니는 감정적이고 정신적인 측면들을 강조했다. 이들 부부에게 상담을 요청하는 대부분의 사람은 자신의 성적 결정에 따른 심리적·정신적 폐해를 치유하고자 하는 사람들이라고 한다. 그렇다면 왜 그토록 많은 젊은이가 조급한 성행위 증후군에 시달리는가? 이에 대해 그들은 주저하지 않고 다음과 같이 입을 모았다. "성에 대해 올바른 선택을 하지 않았기 때문이지요."

사람들은 성에 대해 다음과 같은 5가지 선택을 한다고 한다. 첫째, 순간적으로 그렇게 됐다. 둘째, 사랑하는데 뭐가 문제냐? 셋째, 섹스는 우리를 더 가깝게 한다. 넷째, 결혼 전까지는 아무것도 안 된다. 다섯째, 넘어서는 안 될 선을 미리 정한다.

문제는 불타는 정열에 휩싸이는 그 순간에는 자신의 순간적인 선택이 어떤 결말을 초래할지 전혀 생각하지 않는다는 것이다. 조이스 페너의 말대로 "이미 열정에 휩싸인 순간에 이르면 피가 거꾸로 솟는다." 따라서 자신이 어떤 성행위를 할 것인지 지각 있는 결정을 내리고자 한다면 바로 지금 맨정신일 때 내려야 한다. 우리는 이 책을 통해 당신이 자신의 가치관에 가장 부합한 선택을 할 수 있도록 돕고자 한다. 또 당신이 지금 어떤 선택을 하느냐에 따라 현재와 미래의 관계가 얼마나 달라질 수 있는지 보여 주고자 한다. 자, 이제 사람들이 흔히 선택하는 5가지 실례를 살펴보고, 이 중에서 자신만의 결정을 내릴 수 있기를 바란다.

선택 1: 그냥 어쩌다 보니

L은 남자 친구와 함께 도서관에서 공부를 마치고 그가 사는 아파트로 갔다. 남자 친구인 M은 아파트 문을 열다 말고 "오늘 밤 룸메이트는 다른 데서 잘 거야"라고 장난스럽게 말한다. 그가 이끄는 대로 거실로 들어가는 L은 바짝 긴장되어

있다. 그녀가 겉옷을 벗기도 전에, M은 그녀에게 키스하며 말한다. "오늘 무척 예쁘다. 너를 너무너무 사랑하는데 너도 그걸 알아 줬으면 좋겠어." 그가 귀에다 속삭인다. L의 마음은 무척 혼란스럽다. 그의 눈을 마주 보며 고개를 끄덕이자 그는 그녀를 침실로 이끈다.

"그 누구도 나를 사랑하지 않을 때, M만은 나를 사랑해 줬어요"라고 그녀는 상담실에서 털어놓았다. "그날 밤 그와 잠자리를 같이할 생각은 없었지만, 만약 우리가 그런 식으로 빨리 가까워지지 않으면, 곧 멀어질 것 같아 두려웠어요." 그 일이 있은 후 몇 개월 동안 L은 온통 남자 친구만을 생각하며 살았다. "제게는 오직 그이밖에 없었어요." 곧 그들은 만날 때마다 거의 잠자리를 같이했다. 그러다 L이 원래 세웠던 여름방학 계획을 수정해 그의 옆에 내내 붙어 있겠다고 말하자, 그의 애정은 급속도로 냉각되었다. "그의 성적 욕구에 응하기 위해 나는 내 인생 경로 전체를 바꿨는데, 고작 내가 여름방학 계획을 변경했다고 그가 뒷걸음을 치다니요!" 그녀가 울먹이든 말든, 여름방학이 채 시작되기도 전에 이들 둘의 관계는 결국 끝장났다.

미리 생각하지도 않았던 성행위를 하게 된다면 당시는 아무리 옳은 것같이 느껴질지라도 결국 서로의 관계에 종지부를 찍을 수밖에 없다. 성행위와 같은 중대 사안을 맨정신으로 결정하지 않으면 결국 자신의 존재를 한낱 운에 맡겨 버리는 것과 같기 때문이다. 그리고 운에만 맡기는 관계란 언젠가 끝장나게 되어 있다. 최근 시행된 전국 여론조사에 따르면, 단지 17%의 여성들만이 계획에 따라 자신의 첫 경험을 하는 것으로 나타났다. 다시 말해 대부분의 성행위는 열정에 불타오를 때, '순간적으로 일어난 것'이다.[3]

이 선택을 통해 얻을 수 있는 교훈은, 성에 대해 적극적으로 '자기 자신'이 미리 선택하지 않는 한, 성급한 성행위를 하게 될 확률이 매우 높다는 것이다.

선택 2: 사랑한다면 문제없다

여대생 L의 이야기를 남자 친구인 M의 입장에서 다시 들어 보자. 그날 그의 아파트에서 일어난 일에 대해 그의 설명은 사뭇 다르다. 4개월 동안 꾸준히 사귀어 온 그들은 서로 상당히 가까워졌고, 서로의 속내까지 터놓고 얘기하는 사이가 되었다고 한다. 예를 들어, 그는 L이 아버지와 사이가 좋지 않다는 것을 알았고, 그녀는 최근에 M이 가슴 아프게 여자 친구와 헤어졌다는 사실도 잘 아는 정도라고 한다. 그의 표현을 따르면 그들은 서로 마음을 안다는 것이다. 그들은 서로 사랑했고, '세상에서 가장 긴 잠자리'를 함께 즐겼다고 했다. 그들이 성행위를 하는 동안 모든 시간이 멈춰 버리는 듯했지만 결코 삽입할 정도로 가까워지지는 못했다는 것이 그의 설명이다. 이에 대해 여러 번 생각은 했지만, 그들 중 아무도 '끝까지 가는 것'에 대해 얘기한 적이 없다고 한다. "어디에서 선을 그을 것인지 구체적으로 얘기한 적은 없지만, 사랑을 나누면 나눌수록 더욱 가까워지는 것을 깨달았어요." 심지어 그가 목욕을 같이하자고 그녀에게 제안했는데, 그녀는 '낄낄'대며 좋아했다는 것이다!

이런 불투명하고 모호한 말과 행동은 M으로 하여금 그들이 사랑에 빠졌으며, 성을 통해 그들의 사랑을 표현하는 것은 자연스러운 일이라는 결론에 이르게 했다. "제 생각에 성이란 말만으로는 표현하기 어려운 자신의 감정을 표현하는 수단인 것 같아요. 저는 하룻밤 자고 나면 그만인 그런 남자가 결코 아니라는 것을 믿어 주세요. 아무하고나 자는 그런 나쁜 놈이 아니라고요." 그는 자신이 그저 성욕을 충족시키기 위해 여자를 '이용'하는 나쁜 인간이 아님을 역설했다.

사랑하면 서로 성을 나눠도 좋다는 생각은 매우 설득력이 강하지만 잘못된 생각이다. 아무리 서로 사랑하고 좋아하는 관계라 할지라도 일단 섹스를 하고 나면 남녀관계의 역학은 완전히 뒤바뀐다. 성적 삽입 행위란 남녀가 서로 '한 몸'이 된다는 심오한 미스터리를 현실화하는 것이다. 성행위는 매우 심오하고 놀라운 방법으로 두 사람을 하나로 연합하고 묶어 준다.

그러나 자칫 함정에 빠지지 않도록 조심해야 한다. 서로 영속적인 결합과 정절을 약속하지 않은 상태에서 갖는 성관계는 서로에 대한 기대를 높이고 매우 높은 수준의 욕구를 창출하기 때문에, 이에 부응하지 못하면 궁극적으로 관계를 파국에 이르게 할 수도 있다.

"참 이상한 일이었어요. 그녀가 여름방학 계획을 바꾸면서까지 제 곁에 있겠다고 하자 갑자기 숨이 막히기 시작하더라고요. 그녀는 자기의 계획을 바꿀 정도로 우리 관계에 진지했지만, 저는 아직 마음의 준비가 되어 있지 않았어요." 그가 얼마나 그녀를 사랑한다고 스스로 믿었건 간에, 결과적으로 그는 섹스는커녕 사랑할 준비도 제대로 되어 있지 않았다.

선택 3: 섹스는 우리를 가깝게 해 준다

박진감과 스릴 넘치는 액션 영화 "스피드"Speed의 마지막 장면에서 키아누 리브스는 산드라 블록에게 이렇게 말한다. "천재지변을 함께 겪은 사이는 연인이 되기 어렵다던데." 그러자 산드라 블록은 이렇게 대답한다. "섹스를 해서 연인이 되면 되지요." 이 대사를 어떻게 생각하느냐고 물으면 대부분의 대학생은 말도 안 된다고 대답한다. "섹스를 통한 남녀

관계는 결국 아무 관계도 아니다."

그러나 현실적으로는 서로 사랑하는 많은 젊은이가 섹스를 통해 더욱 친밀감을 느끼기 때문에 섹스라는 카드를 선택하는 것처럼 보인다. 그들은 마치 결혼한 부부라도 되는 양, 데이트의 일부처럼 정기적으로 성적 교류를 가진다.

20대 중반의 독실한 기독교인 연인과 대화를 나눈 적이 있는데, 그들은 크리스천으로서 혼전 성관계는 잘못이라고 느낀다고 말했다. 하지만 그들은 만난 지 2개월 만에 격정적인 분위기에 휩쓸려 성관계를 맺었고, 이를 결코 후회한 적이 없다고 했다. "처음에는 서로 죄책감을 느꼈지만, 지난 3개월 동안 우리는 그 어느 때보다도 강하게 서로에 대한 사랑을 느껴요"라고 고백했다. 오히려 죄책감 없는 섹스를 통해 그들이 얼마나 가까워졌는지 모른다고도 했다.

물론 섹스는 두 사람을 가깝게 해 준다. 한동안은 말이다. 그러나 서로 친밀감을 가속하기 위해 섹스를 하게 되면, 곧 그 자체가 정서적 친밀감을 대체한다. 섹스로 관계를 진척시켜 나가는 연인은 서로 마음과 영혼이 결합하는 정상적인 발달 단계를 앞지르게 된다는 데 문제점이 있다. 수많은 연구 보고서를 보면 지속적인 사랑에 필요한 정서적 유대감은 일정한 단계들을 서서히 체계적으로 거쳐 나가면서 형성되는데, 성관계를 통해 그 단계를 앞지르다 보면, 충분한 유대감이 형성되지 않는 것이다.⁴ 모든 잠재력을 충분히 발산하는 남녀관계가 되기 위해서는 남이 절대로 모르는 둘만의 정서적 교류, 자기들만의 추억들이 가득 쌓여야 한다. 그러나 성급한 성행위는 그럴 만한 시간을 허락하지 않는다. 성급한 성행위는 서로 가까워진 것 같은 환상을 불러일으키지만, 열정의 불이 꺼지고 나면 이와 함께 순식간에 식어 버리고 만다. 심리학자 롤로 메이Rollo May는 "정서적 유대감을 육체적 유대감으로 대체하는 경우가 많은 것은, 자신의 두려움과 초조함을 상대와 나눔으로써 정서적 유대감을 형성하는 것보다 침대에 함께 뛰어드는 것이 훨씬 쉽기 때문이다"라고 지적한다. 성관계를 통해 의미 있고 지속적인 유대감을 형성할 수 있다고 스스로 기만하지 말자. 그건 불가능한 일이다.

선택 4: 결혼 전까지는 절대 아무것도 안 돼!

독실한 미혼 남성들이 자동으로 선택하는 대안 중 하나는 혼전 성욕을 조금이라도 자극하지 않기 위해 자신의 성욕을 완전히 봉쇄해 버리는 것이다. 그래서 포옹도 하지 않고 키스도 하지 않을 뿐만 아니라 공공장소가 아니면 손조차 잡지 않는다. 얼마 전에 만난 연인도 함께 혼전순결을 지키기로 약속했다고 했다. 그들이 순결을 선포하는 모습을 보며, 나(레스)는 아내에게 속삭였다. "신혼여행 가서도 뭘 해야 할지 모르면 큰일인데." 단지 웃자고 한 소리가 아니다. 자못 심각하게 한 말이었다. 왜냐하면 자신의 성욕을 완전히 부인하고 이성 교제에서도 이를 완전히 박탈해 버리는 사람들은 섹스라는 것을 통제 불가능한 것, 심지어는 더러운 것으로 여길 위험이 있기 때문이다. 그들이 성관계를 즐기는 것은 옳은 일이 아니라고 자기 최면을 걸기 때문에 그 결과 성관계를 할 때, 심지어 결혼 후의 성관계에서도 죄책감이나 속물이 되는 느낌을 받는다.

"섹스란 더러운 것이다. 결혼할 사람과만 해야 한다"라는 가르침이 받아들여진다. 여기 담긴 자기모순과 불합리성은 어렵지 않게 눈치챌 수 있다. 그런데도 너무나 많은 사람이 별생각 없이, 이 말이 주는 파장을 생각하지 않고 그대로 따른다. 문제는 이렇게 결혼한 부부들이 수년간 결혼생활을 한 후에도 자신의 성적 욕구를 부인하고 억누를 때 발생한다. 결국 자신의 아내, 남편과 나누는 성에 대해서도 죄책감을 느끼고 억제하려 드는 것이다.

앞서 소개한 페너 부부는 그들이 상담한 수없이 많은 사례를 통해 성욕을 원천 봉쇄한 커플들이 결혼 후 서로에게 전혀 성욕을 느끼지 못하는 것을 보아 왔다고 말했다. "성욕이란 그렇게 대처해서는 안 된다. 성욕이란 식욕, 허기와 같은 것이다. 사람들이 자신의 식욕을 통제할 수 있듯이, 성욕도 통제할 수 있다. 마치 식욕을 계속 부인하다 보면 결국 거식증에 걸리듯이, 자신의 성욕을 계속해서 봉쇄하면 성적으로 무감각해진다."

성욕을 완전히 부인하는 대신 성욕을 통제할 수 있다. 사랑하는 사람과 키스를 나누고 포옹하고 손을 잡음으로써 얼마든지 건전한 이성 교제를 유지하고 사랑과 애정을 따뜻하게 표현할 수 있다. 굳이 성행위로 이어지지 않고도 이런 애정 표현 방법은 그 나름대로 효용을 다하며 즐거움을 더해 줄 수 있다. 성이란 통제가 불가능한 야생말도 아니고, 차마 입에 담기 어려운 더러운 일도 아니다.

선택 5: 넘지 말아야 할 선은 미리미리 정하자

혼전순결의 필요성에 대한 의견을 물어올 때마다 우리는 "그렇기도 하고 그렇지 않기도 하다"라고 답한다. 물론 언뜻 들으면 혼란스럽겠지만, 여기에 핵심이 담겨 있다. 우리의 성욕은 하나님이 설계하신 것이기 때문에 어느 날 갑자기 성욕을 모두 없애고 무성적인$_{asexual}$ 인간이 될 수는 없는 노릇이다. 성욕도 우리 존재의 한 부분이기 때문에 이를 완전히 부인하거나 무시한다면 결혼 후 상당한 곤욕을 치른다. 그런 이유로 혼전 성을 인정해야 한다고 생각한다. 그렇지만 재빨리 한 가지를 덧붙여야 한다. 결혼 전의 성행위는 극명하게 하나님의 규칙에서 벗어난다. 왜냐하면 이러한 성관계는 루이스 스메디스가 명명했듯이 "평생 결합"을 의미하는 행위이기 때문이다. 결혼 전의 성관계는 모두 '성급한 성행위'로 간주된다. 즉 성적 결합의 원래 목적에 어긋나는 일이다. 스메디스에 의하면 "결혼을 하지 않은 채, 즉 평생 함께할 의도 없이 평생 결합의 행위를 하는 것은 잘못된 일이다. 성적 결합은 평생 결합에 인을 치고 못을 박는 역할을 하며, 심지어 평생 결합의 산출물을 가져다주기 때문이다. 여기서 평생 결합이란 결혼이라는 틀을 의미한다."[5]

결혼할 때까지 성관계를 미루기로 한다면, 과연 어떻게 해야 할까? 이는 백만 불짜리 질문이다. 자신의 성욕을 완전히 봉쇄하지 않고 어떻게 순결을 유지한단 말인가? 물론 지극히 어려운 일이다. 말 그대로 고문이 따로 없을 것이다. 하지만 불가능한 일은 아니다. 성관계를 결혼 후로 미루고도 행복하게 지내는 수많은 연인을 보아 왔다. 우리 부부도 혼전 관계를 절제했다. 우리는 7년 동안 사귀면서 뜨거운 정열에 불타오르고 유혹의 순간도 많이 겪었지만, 결혼할 때까지 기다리겠다는 결심을 굳게 지켰다. 과거를 회상해 볼 때, 우리 부부가 내린 결정 중에 가장 훌륭한 결정이었던 것 같다. 우리가 서로 평생을 약속하는 그 순간에 이르기까지 우리의 육체적인 친밀도도 자연스럽게 무르익어 나갔던 것 같다.

결혼을 위해 성관계를 아껴 두는 비법은 바로 '한도'를 정하는 것으로 축약할 수 있다. 성욕을 완전히 봉쇄하지 않고도 동시에 혼전순결을 지키려는 연인들은 대부분 구체적인 한도를 정해 놓고 그 선을 넘지 않으려고 노력한다. 어느 선까지 갈 것인가에 대해 그들은 지각 있고 의식적인 결정을 내린다. 물론 맨정신일 때이다. 육체적인 접촉의 단계들을 설정하고 어디에서 선을 그을 것인지 결정하는 것이다.

육체적 친밀도 등급

• • •

01. 가벼운 포옹과 손잡기
02. 꼭 껴안고 가볍게 애무하기
03. 정중하게 입술 위에 키스하기
04. 열정적인 프렌치 키스
05. 강력하고 긴 프렌치 키스
06. 옷 밖에서 가슴과 성기에 애무하기
07. 옷 속에서 가슴과 성기에 애무하기
08. 옷 밖에서 입 또는 성기를 통해 오르가슴에 이르기
09. 옷 속에서 입 또는 성기를 통해 오르가슴에 이르기
10. 성기 삽입

어느 선에서 한도를 그어야 할지 우리는 구체적으로 정할 수 있다. 5단계 다음으로 넘어가는 순간부터는 성욕을 통제하기가 끔찍이 어려워진다. 하지만 나름대로 확신을 가지고 신념 있게 행동하지 않는 한, 우리가 이래라저래라 하는 것은 아무 의미가 없다. 우리가 당신의 양심을 대신할 수는 없기 때문이다. 자기 나름대로 심각하게 생각해 보고, 자신의 가치관에 대해서도 명확히 인식하며, 자기 분석도 선행되어

야 내릴 수 있는 결정이다. 데이트 상대자와 서로 합의한 바가 자신의 목적과 가치관에 비추어 타당한지 고려해 보아야 한다. 신체적 접촉에 있어 어디까지가 한도인지를 정확하게 설정했다면, 어떤 환경은 피할 것인지(예를 들어, 아파트에 단둘이 있는 것)도 미리 결정해야 한다.

한도를 정하기 위해서는 일단 스스로 결정을 내리고 그다음 데이트 상대자와 상의를 거쳐야 한다. 한도를 정하는 일에 대해 한 가지만 덧붙이자면, 일단 한도를 정한 다음에는 몇 달간 다음 단계로 가속하지 않도록 하자. 시간이 지남에 따라, 좀 더 친밀한 신체 접촉이 필요하다고 생각된다면 절대 어둠 속에서 결정하지 말라. 한도를 정하는 일은 언제나 낮에, 마음과 머리가 모두 맑은 상태에서 정해야 한다는 사실을 잊지 말자.

결혼하기 전까지 '기다려야 할' 타당한 이유

결혼까지 성관계를 미뤄야 하는 이유에 대해 아직 충분히 이해가 안 되는 독자들을 위해 최근 연구 결과 몇 가지만을 소개해 보기로 한다.

한 보고서에 의하면, 결혼과 전통적인 성 윤리의 틀 안에서 이루어진 성관계에서 오히려 가장 높은 성적 만족도가 나타났다.[6] 다시 말해 현재 자신의 성생활에 매우 만족한다고 답한 응답자의 대부분은, 이 사람 저 사람과 자유롭게 성행위를 하는 독신자들이 아니라, 혼외정사는 잘못된 것임을 '굳게' 믿는 금실 좋은 부부들이었다. 놀라움을 금할 수 없다. 혼전 관계를 마다치 않는 독신자들보다 오히려 전통적인 결혼관을 고집하는 이들이 느끼는 성적 만족도가 무려 31%나 높게 나타났다. 이 보고서는 최근 주목받는 결혼생활, 정절, 지속적 관계와 성적 만족 간의 관계를 밝히는 연구의 일부이다.[7]

이들 연구에서 밝혀진 바로는, 부부간의 성관계가 만족도가 높을 뿐만 아니라, 평생 단 한 명의 성 상대를 가진 사람들의 만족도가 최고치를 기록했다고 한다. 한 연구가는 "2명 이상의 성 상대를 갖게 되면서부터 성관계의 신체적·정서적 만족감은 오히려 하락하기 시작했다"고 밝혔다.[8] 사우스캐롤라이나 대학의 연구에서는 혼전 동거의 경험이 있는 사람들의 결혼 후 외도율이 더 높은 것으로 나타났다.[9] 미국 국립 보건원의 선임 연구원 데이비드 라슨David Larson은 기존의 연구들에 대한 총평을 이렇게 내렸다. "혼전 성 경험이 없이 결혼에 임해 충실히 결혼생활을 하는 사람들의 성에 대한 만족도가 혼전 동거를 한 후 결혼한 부부보다 높다."[10]

또 워싱턴 주립대학의 최근 연구 보고에서는 "결혼한 부부와 비교해 볼 때 동거 중인 연인의 관계가 더 불안정하다"고 밝힌다.[11] UCLA가 발표한 연구 결과에 따르면 "동거생활 없이 결혼한 부부에 비해 동거 후 결혼한 부부가 혼외정사로 시달리는 경우가 훨씬 많다"고 한다.[12] 사실 동거 후 결혼한 부부의 이혼율은 그렇지 않은 부부에 비해 50%나 높았다.[13]

결혼할 때까지 성관계를 미루는 것이 오히려 서로의 마음을 더 애틋하게 한다는 뚜렷한 연구 보고들도 있다.[14] 하지만 결혼 때까지 성관계를 미뤄야 할 실제적인 이유들을 연구나 통계치가 밝혀내기 훨씬 이전부터, 성경은 성급한 성관계 후 나타나는 감정적 폐단을 명확히 일깨워 준다.[15] 성경에서 혼전 성교를 금한 것은 우리의 의지를 시험하기 위해서가 아니다. 하나님이 정하신 규칙들은 우리의 의지를 시험하기 위해서가 아니라, 우리를 보호하기 위해서이다. 혼전 관계를 금하는 것은 우리를 보호하는 조치이다. 왜냐하면 성급한 성관계는 우리 자신에게 상처를 주기 때문이다. 믿어지지 않는다면 함께 잠자리를 했던 사람과 결국 이별한 이들에게 물어보라.

"정말 괴로운 것은 그 사람에게 나의 일부를 주었지만, 지금은 가고 없다는 거예요." 대학교 4학년 학생의 말이다. "다른 애들처럼 매일 같이 자지는 않았지만, 결혼 전까지 기다리지 않은 게 몹시 후회돼요. 이제는 영속적이고 진정한 사랑이 분명한, 평생을 약속한 사람과만 성관계를 하고 싶어요." 우리 부부가 상담했던 수많은 대학생처럼 그녀도 종교적 이유나 AIDS가 두려워 뒤로 물러서려는 것이 아니다. 자신에 대한 원망, 후회, 정신적 고통 때문에 그러는 것이다. 자, 그렇다면 수많은 연구 보고, 사랑에서 우러나온 하나님의 명령, 개인적 상처라는 이유만으로도 "결혼 때까지 기다리라"고 말할 충분한 이유가 되지 않는가?

다시 순결함으로

전 프로농구 선수 월트 체임벌린Wilt Chamberlain은 적어도 2만 명의 여성들과 성관계를 했다고 자서전에 의기양양하게 썼다. 그의 말이 과장인지 아닌지를 떠나서 프로 선수들에게 섹스가 얼마나 손쉽고 간편한 일인지 경악을 금치 못하겠다. 기꺼이 자기 몸을 던지는 이런 여성들을 프로 선수들은 '열혈팬'groupie이라고 부른다. 프로 선수단이 도착할 때마다 짜릿한 한순간을 고대하며 자기 몸을 던지는 여성들이다.

그러나 이보다 더 인상적인 일은 그린A. C. Green이 NBA에 입문하면서 던진 선언이다. "나는 결혼할 때까지 순결을 지키겠다. 왜냐하면 첫째, 하나님께서 원하시는 일이고, 둘째, 내가 원하는 일이고, 셋째, 정말 중요한 사람을 위해서 나의 몸을 아끼고 싶기 때문이다."[16]

"참 대단하군. 그렇지만 그렇게 하고 싶어도 나는 이미 순결을 잃어버린걸!"이라고 탄식하는 독자가 있다면, 그대들은 혼자가 아님을 기억하자.[17]

얼마 전, 나(레슬리)는 졸업을 앞둔 대학교 4학년 학생 몇 명이 모인 자리에 참석하게 되었다. 그들 중 한 연인이 졸업과 동시에 결혼을 앞둔 상태였다. "저희가 이 모임을 마련한 이유는 결혼할 때 아내의 눈을 바라보며 '너를 위해 순결을 지켰다'고 말할 수 있기 위해서입니다." 한 학생이 이렇게 설명하자, 자신과의 약속을 소신 있게 지킬 수 있도록 돕는 것이 이 모임의 취지라고 다른 학생이 덧붙였다.

참 좋은 의도라고 생각하고 있는데 문득 전혀 예상 못 한 발언이 나왔다. "우리는 모두 성 경험이 있습니다. 고등학교나 대학교 때 딱지를 뗐죠. 따라서 우리는 새로 태어나는 숫처녀, 숫총각이라고 할 수 있습니다." 새로 태어나는 숫총각, 숫처녀라! 그런 말은 처음 들었지만 무슨 뜻인지 즉시 알게 되었고, 나는 두말하지 않고 찬성했다!

섹스에 대한 몇 가지 질문

01. 1단계(전혀 없다)에서 10단계(아주 높다)로 평가할 때, 우리 인간은 성적 욕구를 어느 정도 통제할 수 있다고 생각하는가?

02. 제1장에서 다루었던, '자아 완성에 대한 열망'을 회상해 보자. 이러한 욕구가 우리의 성적 욕구와 어떤 관련이 있다고 보는가? 자신의 성생활에 '자아 완성의 욕구'가 어떤 식으로 영향을 미치는가? 이는 여성과 남성에 있어 다르게 나타나는가? 그렇다면 어떻게 다른가?

03. 섹스에 대한 가장 기본적인 5가지 선택을 생각해 보자. 자신에게 가장 타당한 선택안은 무엇이라고 생각하는가? 혹시 바람직하지 못한 선택안(선택 2: 사랑한다면 문제없다 등)을 택한 적이 있거나 그것을 택한 사람을 본 적이 있는가? 왜 그런 선택안에 마음이 끌리는가?

04. 데이트 상대자와 성적 행위의 한계선을 미리 설정하는 것에 대해 어떻게 생각하는가? 어느 선까지 갈 것인지를 미리 정해 놓고, 열정에 휩싸일 때도 그것을 준수하는 것이 타당하다고 생각하는가? 그렇게 생각하는 이유는 무엇인가?

사랑만큼이나 엄청난 희망과 기대로 시작해서
줄기차게 무너지는 일도 아마 없을 것이다.

– 에리히 프롬(Erich Fromm)

8장

자신을 망가뜨리지 않고 이별하기

"잠깐 할 말이 있어." 연인들 사이에 이것처럼 가슴 '쿵' 하게 하는 말도 아마 없을 것이다. 레슬리가 이렇게 말했을 때, 나는 뭔가 큰일이 벌어지고 있음을 직감했다. 당시 우리는 약혼한 지 3개월째였고, 6개월 후에 결혼하기로 되어 있었다. 부드러운 그녀의 목소리가 무색하게, 그 말은 청천벽력 같은 요란한 굉음을 내며 내 심장에 꽂혔다.

그녀는 자못 심각했고, 나는 오금이 저려 어쩔 줄 몰랐다. 그다음 일이 어떻게 전개되었는지 지금은 기억조차 나지 않지만, 당시에 그녀가 "우리 좀 떨어져 있을 필요가 있을 것 같아"라고 말했을 때 느꼈던 그 아찔함은 지금도 생생히 기억이 난다. "떨어져 있겠다고? 제발 자기가 하자는 대로 떨어져 있어 줄 테니 결혼 못 하겠다는 말만은 하지 말아 줘. 알았지?" 나는 애원했다. "도저히 그럴 수가 없어, 자기야." 그녀는 울먹였다. 나도 함께 따라 울었다.

"도대체 왜 이러는 거야. 모든 게 다 잘되고 있잖아!"

"알아. 하지만 이 결혼에 대해 나도 당신만큼 강한 확신을 가졌는지 확인할 필요가 있는 것 같아."

그때처럼 마음이 갈가리 찢기고 상한 적도 없었다. 도대체 왜 이런 일이 내게 일어난단 말인가? 남도 아니고 바로 우리가 헤어지다니! "사랑은 가슴 아프다"는 사실을 그동안은 남 얘기처럼 생각했는데, 그것을 뼈저리게 실감하는 순간이었다. 영원한 사랑에 이르는 길은 이처럼 험하고 고통스럽단 말인가! 물론 레슬리와 나는 그 후 재결합하여 예정대로 결혼식을 올렸지만, 우리가 이별했던 그 6주 동안 나는 인생에서 가장 외롭고 힘든 기간을 보냈다.

사람은 누구나 잠시 또는 오랫동안 짝사랑의 순간을 경험할 때가 있다. 150명 이상의 남녀를 대상으로 조사한 결과, 상대에게 한 번도 거부당한 적이 없거나 혼자 연모하는 기간을 보내지 않은 사람은 불과 2%인 것으로 나타났다.

"남녀가 처음 만나면 서로 세 번의 자율 퇴장권을 부여해야 한다고 생각합니다!" 코미디언 제리 사인펠트가 청중의 배꼽을 잡게 한 유머이다. 이성관계에서 잠시 휴지 기간을 갖는 것이 그렇게 말처럼 쉽다면야! 이 장에서는 고통 없는 이별법을 제시하기보다는, 사랑하던 사람과 이별하게 되었을 때 자신을 온전히 추스를 수 있는 현실적인 방법을 제시하고자 한다. 헤어지는 것이 서로에게 유익임에도 불구하고 지지부진 관계를 청산하지 못하는 원인을 살펴보고, 자신의 현재 이성관계는 계속 유지할 가치가 있는지, 아니면 종지부를 찍어야 하는지 심각하게 검토해 보자. 이 장의 나머지 부분은 '이별의 가해자'와 '이별의 피해자' 각각에 대한 구체적이고 유용한 충고들로 이루어진다. 마지막 부분에서는 이성관계가 파국으로 끝난 다음 어떤 일이 이어지는지 간략히 다룰 것이다.

미워도 다시 한 번, 왜 그럴까?

우리는 그동안 쏟아부은 시간과 애정, 심지어 돈이 아까워서라도 현재의 불만족스러운 관계에 계속 매달리는 사람들을 많이 만나 보았다. 그동안 뿌린 씨가 언젠가는 열매를 맺겠거니 하며 막연히 기대한 탓이다. 또는 그동안 공을 들인 탑이 무너지는 것을 차마 볼 수가 없기 때문이다. 주변 눈치 때문에 헤어지지 못하는 사람들조차 있다.

얼마 전 상담한 한 여성은 상당히 성숙해 보였는데, 현재 사귀는 남자 친구와 헤어져야 할 타당한 이유가 참 많았다. 그런데도 그녀는 연말 쌍쌍파티를 위해서 남자 친구와의 이별을 보류하고 있었다. 어떤 사람들은 현재의 파트너와 막상 헤어지고 나면 다시 이성을 사귈 기회가 없을 것 같아서 불만족스러운 관계를 그냥 고수한다. "세상의 절반은 남자"(혹은 여자)라는 말도 그들에게는 "소귀에 경 읽기"이다. 그래서 "구관이 명관"이라며 옛 애인에게 붙어 있는다.

현재의 이성관계에 많은 불만을 품고 있으면서도 헤어지지 못하는 이유는 수만 가지이지만, 가장 흔한 이유를 꼽으라면 단연 이것이다. 아무리 불만족스러운 이성관계일지라도 애인이 있다는 사실만으로 안도감을 느낄 수 있기 때문이다! 아무리 잘 맞지 않는 연인이라도 '누군가'를 사귄다는 느낌 자체가 주는 안정감을 무시하지 못한다. 이런 현실에 처해 있는 연애 당사자들은 결코 인정하려 들지 않겠지만, 그들의 심리 저변에는 오래 신던 신발의 편안함 같은 안도감을 차마 포기하지 못하는 마음이 서려 있다. 아무리 서로 물어뜯는 이성관계라 할지라도 말이다.

얼마 전 24살의 B를 상담한 적이 있는데, 2년 동안 여자 친구를 사귀어 왔건만, 그들의 관계는 도무지 '견적'이 나오지 않는다고 했다. 한 주도 싸우지 않고 지난 적이 없고, 관심사도 서로 양극단이다. 그는 자동차 경주를 좋아하지만, 그녀는 조용히 앉아 소설 읽는 것을 좋아한다. 서로 상대방의 취미를 이해하려는 노력조차 하기 싫단다. 그들의 취미와 관심의 차이보다 더 심각한 것은 서로 가치관이 매우 다르다는 것이다. B는 매우 신앙적이지만 여자 친구는 교회의 'ㄱ' 자에도 관심이 없다. "우리가 왜 계속 만나는지 전혀 알 수가 없어요. 그저 애인이 있다는 사실만으로 안도감을 느끼나 봐요."

정말 그럴까? 그들은 전혀 어울리지 않는 한 쌍처럼 보이는데! 그렇다면 B는 이성 교제에 심각하게 임하고 있는 걸까? 물론 그렇다. 그는 단지 서로에게 유익이 안 되는 연애를 하는 대부분의 외로운 젊은이들처럼, 적어도 애인은 있다는 안도감 자체를 사랑한 것이다. 안도감을 찾으려는 인간의 욕망은 자석처럼 강력하다. 그래서 이와 같은 함정에 빠진다. 방향도 없이 표류하는 배에 앉은 사람처럼 괜히 시끄럽게 파문을 일으켜서 신경 쓰느니 조용히 그냥 앉아 있겠다는 심정으로 배를 뒤집지 않고 잠자코 있는 것이다. 무언가 단호한 결단을 해야 하는 순간인데도, 목적도 없이 표류하는 이성 교제를 잠자코 방관만 하는 사람이다.

지금은 우리가 헤어져야 할 시간?

얼마 전 상담한 J는 이런 고민을 털어놓았다. "저도 어떻게 해야 할지 모르겠어요. 지금 남자 친구를 꽤 좋아하는 편이고 함께 즐거운 시간도 많이 보냈는데, 왜 그런지 '이건 아닌데'라는 느낌이 자꾸 들어요."

익히 들어 본 대사가 아닌가? 안갯속에 들어가는 것처럼 불안한 연애를 하는 젊은이들이 끊임없이 상담소를 찾는다. "계속 만날 가치가 있는지 확신이 안 서요." 이렇게 모호한 감정 상태를 명확히 하고 자신의 상황을 똑바로 조명할 방법이 여기에 있다.

연인이 헤어지는 이유는 수없이 많겠으나, 최근 150여 쌍의 연인이 애인과 헤어진 후 무명으로 쓴 에세이 "나는 왜 이별했는가"에 따르면 주로 3가지 이유가 대두된다.[1] 1위를 차지한 이유는 '자유autonomy의 박탈'이다. 27%의 남성과 44%의 여성들이 연애하면서 오히려 덫에 걸린 느낌이라고 불만을 토로했다. "내가 친구들을 만나러 갈 때마다 남자 친구는 화를 내곤 했어요. 어차피 그 시간에 자기도 할 일이 있어서 나와 함께 있어 주지도 못하면서 말이죠." 이것이 전형적으로 여성들이 하는 답이다. 어떤 남성은 "제가 마치 소유물같이 느껴져요"라고 답했다. 사람들은 연애를 통해 친밀감과 유대감을 나누고 싶어 하지만 자신의 자유를 박탈당하면서까지 그렇게 하고 싶어 하지는 않는다.

두 번째로 흔한 이유는 '공통점의 부족'이다. 사귀면 사귈수록 태도, 신념, 가치관, 흥미 등이 서로 맞지 않음을 발견하는 경우이다. 종교처럼 심각한 면에서건, 상대의 농담에 맞장구를 못 친다는 사소한 일이건 간에, 공통점의 결여는 연인이 헤어지는 주된 이유 중 하나이다. '가치 있는' 이성 교제가 이루어지려면, 서로가 중시하는 몇 가지 점에서 서로 '통하는' 느낌이 들어야 한다.

세 번째 흔한 이유는 '힘이 되어 주지 못한다'는 것이다. 데이트 상대자가 격려, 동정, 이해를 해 주지 않는다는 것은 많은 젊은이의 불만 사항이다. "알고 보니 순 속물이에요. 제 감정 따위는 전혀 아랑곳하지 않고 신경도 안 써요. 저보다는 오히려 운동에 관심이 더 많은 것 같아요"라고 투덜거리기 일쑤이다. 사귀는 사람으로부터 어떤 격려도 받지 못할 때, 그 관계에서 벗어나고 싶어진다.

이 3가지 주된 이유가 당신의 상황과 같을 수도 있고 그렇지 않을 수도 있다. 하지만 '이건 아닌데'라는 느낌이 계속 든다면 이별을 심각히 고민해 보아야 한다.

상대와 헤어져야 할 타당한 이유를 분명히 찾았다고 모든 게 해결되는 것은 아니다. 이는 이별을 향한 고통스러운 걸음의 첫 단계일 뿐이다. 넘어야 할 험준한 고개가 아직 남았다. 이별의 과정은 몹시 힘들고 많은 상처를 받기 때문에 차일피일 미루기 쉽다. 하지만 이것은 충치를 놔두고 치과에 가는 것을 미루는 것과 같다. 지극히 불만스러운 연애를 하면서도 언젠가는 잘되리라는 자기 최면을 걸고 있는 것이다.[2] 언젠가는 나아질 거라고 한 줄기 희망을 품은 채 절뚝절뚝 걸어가는 것과 같다. 오히려 헤어지는 것이 가장 현명한 방법일 수 있다. 물론 이별은 두 사람에게 고통을 가져다줄 것이다. 하지만 건전하지 못한 이성관계를 계속 유지하는 것보다는 헤어지는 것이 최선의 방책이다. 헤어짐으로써 오히려 더 많은 상처를 받지 않게 예방할 수 있다. 함께했던 좋은 기억만 남기고 나쁜 기억들은 뒤로할 수 있을 것이다. 또 이별을 통해 각각 새 사람과 새로운 출발을 하는 자유를 얻을 것이다. 그렇다면 정확히 어떻게 이별을 해야 할까? '이별의 가해자'는 어떻게 해야 하고, '이별의 피해자'들은 어떻게 대처해야 하는가?

'이별의 가해자'가 해야 할 일

이별의 피해자가 있다면 반드시 이별의 가해자가 있는 법이다. 인정하고 싶진 않겠지만 어쩔 수 없는 진실이다. 하지만 이별의 가해자라고 다 똑같진 않다! 어떤 사람들은 '덜 잔인하게' 이별을 고한다. '덜 잔인한' 이별의 방법이란 대체 어떤 것일까? 물론 딱 떨어지는 답은 아니지만, 상대의 가슴을 찢지 않고 연애관계를 청산하는 방법 몇 가지를 소개한다.

믿을 만한 사람에게 마음을 털어놓으라

헤어져야겠다는 생각이 계속 머리에서 맴돌 때 아무에게도 얘기하지 않고 혼자만 끙끙거리기 쉽다. 그렇게 하는 것이 꼭 나쁘다고는 할 수 없지만, 조심할 필요가 있다. 곧 애인과 헤어질 것이라고 동네방네 떠벌리고 다니는 것은 어리석은 일이지만, 정말 신뢰할 수 있고 당신을 염려하는 사람에게 속을 털어놓는 것은 생각을 명확히 정리하는 데 도움이 된다. 마음을 털어놓을 수 있는 형제나 자매, 심지어는 객관적인 입장을 제시해 줄 수 있는 부모님도 괜찮다. 가까운 친구라도 좋다. 이별의 경험이 있는 '아군'을 얻을 수 있다면 그 무엇보다도 든든한 힘이 될 것이다.

이런 사람들이 주변에 없다면 전문 상담사를 찾아가 고민을 털어놓을 수도 있다. 당신의 말 한 마디 한 마디를 주의 깊게 들어 주는 전문 상담사는 상황을 명확히 판단하고 자신 있게 일을 추진하도록 도와줄 것이다. 또한, 애인과의 이별 후 회복 과정에서 믿을 만한 상담사의 도움을 받는 것도 좋다.

요점은 이성관계에 적신호가 켜지고 헤어져야 할 조짐이 보일 때, 신뢰할 만한 사람들의 도움을 받으라는 것이다. 이를 통해 올바른 결정을 할 수 있을 뿐만 아니라, 이별에 필요한 적절한 시간과 장소 등에 대한 조언도 얻을 수 있다.

미루지 말라

문제에 직면하도록 하자. 무엇인가 끝내는 데 일말의 주저함도 없는 사람은 아마 없을 것이다. 심지어 오랫동안 관계를 끝내고 싶어 했을지라도 마찬가지이다. 그러다 보니 이성관계가 자연스럽게 파국에 이르기를 수동적으로 기다린다. 거창하게 이별하는 것도 꺼려지고, 괜히 헤어지자고 했다가 동기를 의심받을지도 모르고, 구구절절 설명하자니 괴롭기만 하고, 그러다 보면 차일피일 이별을 미루게 된다. 결국 서로 불편한 관계를 견디다 못해 상대가 먼저 끝내자고 하기만을 기다린다. 뭔가 잘못되고 있다는 것을 상대가 눈치채고 솔직히 털어놓을 것을 종용받으면 그제야 영장을 받은 사람처럼 몇 마디 털어놓고, 모든 것은 상대방의 오해에서 비롯된 것처럼 둘러댄다.

이렇게 머리를 굴려 "헤어지자"는 말을 직접 꺼내는 대신, 상대가 칼자루를 쥐고 흔들게 하면 당신이 고상하게 게임에 이겼다고 생각하겠지만, 천만에! 그렇지 않다. 만약 당신이 애인과 헤어지고자 한다면, 특히 다치지 않고 그러고 싶다면 용기를 내서 먼저 행동을 취해야 한다.

"하지만 난 한 번도 다른 사람에게 상처를 준 적이 없잖아"라며 망설일 수도 있다. 죄책감을 느낄 수도 있다. 충분히 이해한다. 당신만 그렇게 느끼는 것이 아니기 때문이다. 애인에게 차마 우리의 관계가 더는 가망이 없다고 쉽게 말하지 못하는 것은 누구나 마찬가지이다. 세상에 그 누가 비보를 전달하고 싶겠는가? 하지만 당신이 자세를 굽히고, 계속 '잘' 대해 주고 시간을 기다리면서 언젠가 애정이 식기를 기대한다면, 사태를 더욱 심각하게 만들 뿐이다. 미루면 미룰수록 더 큰 아픔만 초래하게 된다. 따라서 자신의 감정에 관한 한 침묵 작전은 삼가라. 묵비권을 행사하지도 말라. 그런 전략은 언제라도 역효과를 내기 마련이다. 오히려 상대방에게 연애 감정만 더 불러일으키거나, 본의 아니게 상대에게 당신을 설득하게 만들 수 있다. 헤어지려면 바로 지금 헤어지라.

깨끗하게 헤어지라

"도대체 내 말을 못 알아듣는 것 있죠! 종이에다 헤어지자고 또박또박 써 주기라도 해야 알아들을까요?" '이별의 가해자'들이 종종 털어놓는 불평이다. 그렇게 할 수 있으면 그렇게 하라! 상대에게 헤어지자고 직접 말하는 것은 비인간적이라는 생각이 들어서 얼렁뚱땅 얼버무리는 경우가 많다. 또 연속해서 상대를 실망하게 함으로써 언젠가 상대가 눈치채기를 기다리는 전략을 구사하는 사람도 있다. 상대를 자꾸 비참하게 만들면 그쪽에서 먼저 헤어지자고 나오리라 생각하기도 한다. 하지만 이 전략은 정서적 테러나 마찬가지이다. 상대의 자존심을 땅바닥에 내동댕이치는 것과 같은 행위이다.

가장 현명한 방법은 솔직하게 단도직입적으로 얘기하는 것이다. 그렇다고 하고 싶은 말을 총알 날리듯 해 놓고 서부 영화 주인공처럼 도도히 사라지라는 뜻은 결코 아니다. 분명하고 뚜렷하게 "우리 관계는 끝났다"는 메시지를 전달하라는 것이다.

핵심은 헤어지자고 말할 때 최대한 상대를 배려하도록 노력하는 것이다. 어떻게 하면 될까? 일단 상대를 직접 만나자. 당연히 그래야 하는 것 아니냐고 생각하겠지만 실제로는 얼마나 많은 사람이 전화나 자동 응답기로 헤어지자는 말을 남기는지 모른다. 심지어 어떤 사람들은 여동생 편에 헤어지자는 말을 대신 전하기도 한다! 일말의 예의가 남아 있다면 제발 무기명 투표를 하듯 이별을 고하지 말자. 깨끗하게 헤어지되 본인이 직접 솔직히 말하자.

마음을 솔직히 털어놓되 잔인한 가해자가 되지 말자. '이별의 가해자' 중에는 상대에게 매우 야비하게 나오는 사람들도 더러 있다. 어떤 이들은 최소한의 배려도 잊은 채 그동안 알게 된 상대의 모든 단점을 낱낱이 지적하고 헤어진다. 이와 정반대로 헤어지자는 뜻의 말을 빙빙 돌려가며 달래듯 얘기하는 사람도 있다. 이를테면 "그동안 참 좋았는데 너무 급하게 진전이 된 것이 아닌가 싶어. 그냥 친구로 지냈으면 해"라는 식이다. 해석하면 "너와는 연애생활 청산이야. 우리는 이제 끝이야"면서도 말이다. 하지만 헤어질 마음이 전혀 없는 상대방의 입장에선 이런 모호한 메시지의 속뜻을 정확히 헤아리기 어렵다. 오히려 당신이 돌려 말한 것에 실낱같은 희망을 걸고, 정작 '헤어짐'을 시사하는 말은 한 귀로 흘려버릴 수 있다.

깨끗하게 헤어지고 싶다면 부드럽되 솔직하게 말하라. 일단 처음에 당신을 끌리게 하였던 상대의 장점과 그동안 사귀면서 좋았던 점들에 관해 얘기하라. 그다음 말을 꺼내기 참 어렵지만 "헤어지자"고 분명하게 말하라. 헤어지고자 하는 이유에 대해서는 상대의 잘못을 들추지 말고, 자신의 가치관에 비추어 내린 결정임을 분명히 하라.

그리고 지키지도 못할 약속은 덧붙이지 않는 것이 좋다.

예를 들어, 자신도 없으면서 친구로 남겠다는 등의 헛된 약속은 금물이다. 어떤 연인들은 헤어지고 나서 친구로 남기도 하지만 매우 드문 경우이다. 헤어지는 마당에 그런 생각을 서로에게 심어 주는 것은 본인은 물론 상대방에게도 버겁다.

실연을 애도하자

자, 드디어 해내고야 말았다. 이제 당신은 자유의 몸이 되었다! 더는 의미를 잃은 연애의 속박에 묶여 있지 않아도 되니 잔치라도 한판 벌여야 하는 걸까? 아니다. 아무리 속 시원히 이별했다고 하더라도 어떤 연애긴 그 끝에는 '애도 기간'이 필요하다. 물론 '내가' 먼저 헤어지자고 했고 '내가' 선택해서 한 일이겠지만, 실연은 여전히 큰 충격을 주는 일이기 때문이다.

제아무리 괴롭기만 한 연애였다 해도, 이별은 힘든 일이고 여기에는 정신적 고통이 따른다. 케이스 웨스턴 리저브 대학의 로이 바우마이스터Roy Baumeister 박사의 연구 결과에 따르면, 연애하다가 '차인' 사람보다 '찬' 사람이 더 비참해질 수 있다고 한다.[3] 깨진 연인 200쌍을 대상으로 그들의 감정 기복에 대해 연구한 결과, 정작 '이별의 가해자' 중에서 좌절감, 분노, 초조감, 죄책감 등을 호소한 사람이 '이별의 피해자'보다 삼분의 일가량 많았다고 한다. 따라서 지긋지긋한 연애관계를 청산했다고 한바탕 잔치라도 벌일 생각은 아예 접는 편이 낫다. 충분한 시간을 두고 이별을 애도하도록 하자.

'이별의 피해자'가 해야 할 일

사랑하던 사람에게 차인 당신은 혹시 방에 콕 틀어박혀 온종일 TV나 보면서 아이스크림이나 푹푹 퍼먹고 있지는 않은가? 인적 드문 외딴 섬에 가서 여생을 쓸쓸히 보낼 생각으로 비행기 편도 티켓을 알아보는 중은 아닌가? 사랑하던 사람에게 버림받고 나면 제정신을 차리기 어려운 것이 사실이다. 이때 다음의 몇 가지 조언을 참고로 정신을 차리도록 노력하자.

현실을 직시하자

의대생 남자 친구에게 버림받은 M양은 도저히 이를 받아들일 수 없었다. 그의 사랑을 되찾고야 말겠다는 집념에 불타 아무 일도 할 수 없었다. 남자 친구의 전문 분야인 의학에 충분히 관심을 안 가져 준 것이 이별의 원인이라고 굳게 믿은 M은 근처 도서관에 가서 매일매일 인체에 대한 책을 파고들었다. 그리고 방을 온통 전 애인의 사진으로 도배했다.

그녀의 기괴한 행동에 깜짝 놀란 친구들이 그녀를 말리면서 아무리 의학 공부를 해도 떠난 사람이 돌아오지는 않는다고 설득했지만 그녀는 눈 하나 깜짝하지 않았다. 마치 일시적인 문제일 뿐이라는 듯 그녀는 남자 친구와 헤어졌다는 사실을 인정하려 들지 않았다. 그와의 연애관계는 완전히 끝난 것이었건만, 그녀는 도저히 이를 받아들일 수 없었다.

M의 경우는 매우 전형적이라 할 수 있다. '차였다'는 사실은 좀처럼 쉽게 받아들여지지 않는다. 대부분 애인에게 차이고 나면 언젠가 다시 만나게 되리라는 허상을 갖는다. 또 마음 한구석에는 전 애인도 비록 지금은 깨닫지 못하지만 자기와 같은 생각일 것이라는 헛된 망상이 자리 잡는다.

누군가에게 '차이고 나면' 힘겨운 나날을 보내게 된다. 한 가지 흥미로운 연구 결과에 따르면, 연인과 헤어지고 난 후 이를 현실로 받아들이지 못하는 남자가 여자보다 삼분의 이 가량 많다고 한다.[4] 그 이유 가운데 하나는 남자들이 자신에게 과분한 여자에게 반해 결국 짝사랑하는 경우가 여자의 경우보다 훨씬 많기 때문이라고 한다. 남성이냐 여성이냐를 떠나서, 상대에게 '차였다'면 이제는 현실을 직시하도록 하자. 애인은 떠나고 없다는 사실을 인정하고 미래를 향해 나아가지 않으면 안 된다. 그렇지 않으면 이 사실을 부인하는 대가가 너무 크다. 바로 자기애self esteem를 잃게 된다.[5] '차였다'는 사실을 계속 인정하지 않다 보면 자포자기에 빠지는데, 자기애를 잃고 자포자기에 빠지는 것이야말로 눈 뜨고 보기 어려운 끔찍한 일이다.

실컷 울자

"어차피 인생을 살다 보면 더 큰 일도 당하는데 그까짓 애인에게 차였다고 뭐가 어떠랴!" 하지만 실연만큼 견디기 어려운 고통을 주는 것도 없다. 가슴은 갈가리 찢기고 기분은 비참하기 이를 데 없다. 아무리 지긋지긋한 연애였다 할지라도 헤어짐은 가슴 아픈 일이다. 그동안 의존했던 사람에게서 버림받는다는 것은 받아들이기 어려운 사실이기 때문이다. 따라서 스스로에게 마음껏 슬퍼하고 실컷 울 기회를 주도록 하자. 그러면 훨씬 기분이 좋아질 것이다. 한 연구에 따르면, 실제로 눈물을 흘리면 우울함을 씻어 내는 호르몬이 배출되기 때문에 잘 울고 나면 몸과 마음이 개운해진다고 한다. 말 그대로 마음을 씻어 내는 것이다. 그러니까 자신의 슬픔을 안에만 담아 두지 말고 표출하자. 그럼 회복도 빨라진다.[6]

우는 데 따로 조언이 필요하진 않겠지만 대중가요 라디오를 틀어 이별의 아픔에 대한 노래를 수십 곡 들어 보라고 권하는 바이다. 음악은 쉽게 표현하기 어려운 우리의 감정을 자연스럽게 표출하는 데 도움을 준다. 음악은 카타르시스를 경험하게 한다. 토요일 밤 혼자 있을 때라든가 차를 타고 혼자 달릴 때, 어린아이처럼 그냥 '엉엉' 울어라.

그러나 한 가지 주의할 점이 있다. 실연한 지 몇 개월이 지났는데도 계속 마음이 우울하다면 전문가의 도움을 받아야 한다. 그 정도로 심각한지 어떻게 알 수 있을까? 다음과 같은 증상이 나타난다면 우울증을 넘어선 심각한 상태라고 볼 수 있다. 수면 장애, 식욕 부진 혹은 식욕 과다, 대인 기피, 염세주의, 자해 욕구 등이다. 혹시 실연 후 실컷 울다가 이런 증세에 빠지면 어떡하나 걱정이 된다면, 전혀 염려할 필요 없다. 오히려 이러한 일을 예방해 준다.

자책하지 말자

"저는 혼자 살 팔자인가 봐요." 24살의 S는 이렇게 말하며 울먹였다. 아주 정상적이고 명랑한 성격으로 의상실 보조로 일하는 그녀는 최근 남자 친구에게 버림을 받았다. "제가 고르는 남자마다 왜 이 모양인지 모르겠어요. 앞으로 혼자 살아가려면 아무래도 일이나 열심히 해서 돈이나 많이 벌어야 할 것 같아요." 그녀는 한숨을 쉰다. 이번에 5개월 정도 사귄 남자 친구와 헤어졌는데 그는 S의 친구와 눈이 맞았다고 한다. "저는 왜 이렇게 남자들한테 속기만 하는지 모르겠어요. 이제 남자도, 제 판단력도 믿지 못하겠어요. 저는 혼자 살아야 마땅해요."

애인에게 상처받은 사람들은 대부분 S처럼 자기 자신에 대한 신뢰를 잃는 경우가 많다. 상담하면서 이들과 얘기할 때가 가장 가슴 아프다. 이들은 애인에게 차인 후 자구책으로 '내가 인간을 잘못 봤지'라는 공식을 만드는데, 이것이 결국 자책으로 이어지는 것 같다. 물론 반복해서 애인을 잘못 고른다면 자신의 행동을 신중하게 재검토할 필요는 있겠지만, 결국 사랑이 무슨 죄인가! 자책함으로써 다시는 그런 실수를 반복하지 않고 더 나은 인간이 될 수 있을 것 같지만, 자책에는 이와 같은 효과가 전혀 없다.

연거푸 실연을 경험한 사람들은 '모든 게 자기 탓'이라고 자책하는 경향이 짙다. '또' 이번에도 실패했다는 죄책감에 사로잡히는 것이다. 죄책감이 심해지다 못해 불건전한 강박관념으로 발전되는 경우도 있다. 즉 과식, 마약, 알코올 의존증, 생판 모르는 사람과의 성관계, 대인 기피 등이 그것이다. 따라서 죄책감의 덫에 빠지지 않도록 조심해야 한다. 물론 실연의 원인이 자신에게도 어느 정도 있겠지만, "손바닥도 마주쳐야 소리 나듯" 혼자만 잘못해서 관계가 깨지는 경우는 극히 드물지 않은가? 자신 때문에 관계가 잘못되었다고 자책하지 말자.

보복의 칼을 갈지 말자

"사랑이라는 고속도로를 신나게 질주하다가 교통사고로 차에 치인 기분이에요. 절대 이렇게 당하고만 있지 않겠어요." 이렇게 말하는 J군의 얼굴은 복수심에 붉게 달아올랐고 이마엔 핏줄이 솟았으며 이까지 부득부득 갈았다.

그 당시 화가 머리끝까지 나 있었던 J를 다시 볼 수 없었고 여자 친구에 대한 복수극에 성공했는지도 확인할 길이 없지만, 우리는 J처럼 복수심에 불타는 젊은이들을 수없이 많이 목격했다. 사랑의 결말이 너무도 비참하고 분해 복수 외에는 남은 것이 없다고 느끼는 것이다. 어떤 젊은 여성은 자기를 버린 남자 친구가 너무 괘씸해서 그에 대한 온갖 나쁜 소문을 퍼뜨리고 다녔다. 엄청난 마마보이라는 사실에서부터 정신병적 거짓말쟁이라는 것까지. 복수의 불길을 어찌 한낱 지옥 불에 비교하랴!

혹시 전 애인에게 복수하는 것만이 유일한 대안이라고 믿는 사람이 있다면 미리 경고해 둘 것이 있다. 복수는 상대뿐만 아니라 자신까지도 통째로 파멸시킬 수 있다. 영국의 소설가 샬럿 브론테 Charlotte Bronte 는 "복수의 첫맛은 마치 향기로운 포도주같이 감미롭고 따뜻하다. 하지만 그 끝 맛은 독배를 마신 듯 쓰고 껄끄럽다"라고 『제인 에어』Jane Eyre(민음사)에 기술했다. 이 말에서 지혜를 배우도록 하자. 앙갚음하는 대신 실연을 극복하라. 그럼으로써 당신은 더 강하고 더 멋진 사람이 될 수 있다.

리바운딩을 조심하자

사랑했던 사람에게 거부당한 직후에는 누구든 자기를 조금만 좋아해 주면 득달같이 그 사람의 품에 안기는 성향이 강해진다. 이런 일은 빈번하게 발생하기 때문에 특별히 이를 '리바운딩'Rebounding이라고 명명하기까지 한다. 이와 같은 덫에 걸리지 않도록 유의해야 한다. 만약 이 덫에 걸린 사람이 있다면 십중팔구 또 한 차례의 가슴앓이에 대비해야 할 것이다. 조사에 따르면, 리바운드 사랑에 빠지는 대부분의 사람은 머지않아 다시 차이는 경우가 많다고 한다.[7]

"자라 보고 놀란 가슴 솥뚜껑 보고 놀란다"고 한 번 심하게 차인 나머지 사랑에 허겁증이 생겨, 자기를 좋아하는 사람만 나타나면 무조건 어린애처럼 착 달라붙고, 또다시 버림받을까 두려워 상대를 손에 쥐고 안 놓으려고 하기 때문이다.

새로운 연애 대상의 실체는 눈이 멀어 보지도 못한다. 우리는 이런 경우를 수십 번도 더 목격해 왔지만 늘 비극적이었다. 이별 후에 쓰라린 가슴을 안고 절망감에 빠져 있던 이들은 새로 자기 앞에 나타난 사람만큼은 이 세상 그 누구보다도 자기를 사랑해 주리라는 조급한 마음에 그만 판단력을 상실하고 만다. 그 결과는 어떠할까? 새 연인은 사랑이라는 먹이 사슬의 맨 밑바닥에서 가장 연약한 먹이를 노리는 천적과 같이 당신을 대할 것이다. 제발, 당신이 그 비참한 먹이가 되는 일만은 없도록 하자.

이별 그 이후

이별의 상처에서 회복되기는 절대 쉽지 않다. 한 가지 놀라운 발견은 애인을 찬 사람들이 차인 사람들보다 회복 속도가 빠르다는 것이다. 여러 연구 결과, 남녀 할 것 없이 '이별의 가해자'가 '이별의 피해자'보다 우울함, 외로움을 호소하는 경우가 더 적고 더 큰 해방감을 느끼는 것으로 나타났다. 사실 헤어진 연인들은 각각 정반대의 반응을 한다. 이별 때문에 한쪽의 행복감이 크면 클수록, 상대는 더 비참해한다는 것이다.

그렇지만 이별 후 아픔을 전혀 겪지 않는 쪽은 없다고 해야 옳을 것이다.[8] 하루가 멀다 하고 싸움만 하던 부부도 일단 헤어지면 서로 정서적 의존도가 매우 높았다는 것을 깨닫게 된다. 마찬가지로 부모에게 학대와 냉대만 받아오던 자녀들도 그 부모와 결별한 후에는 이렇게 느낀다고 한다.[9] '이별의 가해자'이건 '이별의 피해자'이건 이별의 아픔은 반드시 뒤따르는 법이므로, 따라서 슬퍼할 준비를 하는 것이 좋으리라!

우리의 고정관념과는 달리 남자들도 여자들만큼이나 이별의 아픔을 겪는다는 연구들이 있다.[10] 어떤 연구에서는 오히려 남성들이 여성들보다 더 오랫동안 실연의 아픔을 겪는 것으로 나타났다고 한다.[11] 또 여러 연구에서 밝혀진 바로는 여성에게 있어 이별 때문에 감정적으로 가장 힘든 시기는 이별 직전이지만, 남자들은 이별 직후에 가장 힘들어한다고 한다.[12] 왜 그럴까? 한 가지 이유는 여자들이 먼저 헤어지자고 하는 경우가 많으므로 여자들은 상황을 좀 더 주체적으로 파악할 수 있기 때문이다.[13] 또 다른 이유는 실연의 아픔을 겪을 때 여자들은 위로해 줄 친구가 많지만 남자들은 그렇지 않기 때문이다. 그뿐만 아니라 여성들은 평상시에 자신이 인간관계에 얼마나 많이 의존하는지 파악하고 있기 때문에 마음의 준비가 되어 있지만, 남자들은 정작 헤어지게 될 때까지는 인간관계를 생각하는 데 시간이나 에너지를 투자하지 않는다. 애인에 대한 자신의 정서적 의존도를 전혀 파악하지 못하고 있다가 상대가 떠나고 난 후 생각보다 훨씬 힘듦을 깨닫고 이 때문에 더 괴로워하는 것이다.[14]

남자든 여자든, '이별의 가해자'든 '이별의 피해자'든, 실연 뒤에는 대개 몇 단계로 구별되는 상실의 아픔을 겪는데, 이에 대해 엘리자베스 큐블러 로스Elisabeth Kübler-Ross만큼 통찰력 있는 연구[15]를 한 사람도 드물다. 200여 명의 시한부 환자들을 대상으로 한 이 연구 결과는 사랑하는 연인을 잃은 상황에도 마찬가지로 적용해 볼 수 있겠다. 이 연구에 따르면, 사랑하는 사람을 잃게 되면 사실 부정denial, 분노anger, 타협bargaining, 우울depression, 수용acceptance의 5가지 단계를 거친다고 한다. 물론 각 단계가 명확히 분리되는 것은 아니고, 사람에 따라 앞뒤 단계를 옮겨가며 거치기도 하는데, 상실의 아픔이 결코 순탄치 않다는 것은 충분히 알 수 있다. 이제 각각의 단계에 대해 자세히 살펴보자.

사실 부정

사랑하는 사람을 잃고 난 직후의 감정은 사실 부정이다. 상대에게 갑작스럽게 차인 후 그 사실을 도저히 받아들이지 못하는 사람들에게 흔히 나타난다. 한마디 예고도 없이 상대가 그들을 "헌신짝 버리듯이" 버렸다는 얼떨떨한 느낌, 바로 그것이다. '절대 그럴 리가 없어. 이건 사실이 아니야'라는 생각에 몸이 부르르 떨린다. 꽉 찬 도화지처럼 자신의 인생을 채웠던 것이 어떻게 한순간의 재처럼 사라질 수 있단 말인가! 함께 나눴던 기쁨과 가슴 끈끈한 사랑이 마술사의 모자에 담긴 흰 토끼처럼 자취도 없이 사라졌단 말인가! 이 단계에서는 그동안의 관계가 깨졌다는 사실이 도저히 현실로 받아들여지지 않는다.

분노

그러나 차츰 시간이 지나면(몇 분 후가 될 수도 있고, 며칠이 될 수도 있고) 얼떨떨한 기분이 사라지고 '분노'를 느끼는 단계로 옮겨간다. 이별이 현실로 다가오면서 거의 미칠 것 같은 심정이 된다. 얼마 전 우리 강의를 들었던 한 여학생과 상담한 적이 있는데, 그녀는 남자 친구에게 차인 후 그에게 겁을 주려고 자살을 기도했다고 한다. "진짜로 죽을 마음은 없었어요. 단지 나를 이렇게 차 버리고는 잘 먹고 잘살 수 없으리라는 것을 깨우쳐 주고 싶었을 뿐이에요."

분노의 단계에서 목격되는 것 중, 이보다 좀 더 흔한 전술은 "네가 나를 찬 게 아니라, 내가 너를 찬 것"이라는 엎어치기 전술이다. 이별의 주체를 상대가 아닌 자기로 애써 인식함으로써 좀 더 당당해지려는 심리이다. 사실상 '이별의 가해자'라고 해서 분노를 안 느끼는 것은 아니다. 찰 수밖에 없도록 행동했던 상대의 끔찍한 점들을 하나하나 떠올리며 분노하기도 한다.

타협

어느 정도 분노가 가라앉았으면 슬슬 타협의 단계로 넘어간다. '이별의 피해자'는 물론, 때로는 '이별의 가해자'조차 관계를 원상 복귀시킬 수 없을까 궁리한다. 상대에게 차인 사람들이 이 단계에서 이구동성으로 하는 말은 "나는 변할 수 있어"라는 것이다. 상대를 찬 사람은 "한 번 더 기회를 주는 게 어떨까"가 정해진 순서이다. 아스라이 꺼진 사랑의 불씨를 다시 한 번 피울 궁리를 하는 사람이라면, 자칫 죄책감이 자기 혐오감으로 옷을 갈아입을 수도 있다. 다시 관계가 회복될 수 있다는 희망의 불씨가 꺼지지 않게 하려고 약간의 가능성에도 목숨을 건다. 눈이 빨개지도록 타다 남은 불씨에 입김을 불고 부채질을 하는 것이다. 이런 노력이 순간적으로 성공할 때도 있지만, 대개 이별의 기간만 늘리게 되는 경우가 많다.

우울

일단 관계를 원상 복귀시키기 위해 모든 타협의 가능성을 모색해 봤지만 그것마저 실패하고 나면, 우울해지는 것이 당연하다. 인적 드문 호텔에 들어가 커튼을 모두 내리고 전화선을 뽑은 채, 이별의 아픔을 읊은 노래들에 한없이 마음을 싣는다. 라디오에서 흘러나오는 가슴 찢어지는 이별 노래는 모두 나를 위해 특별 선곡된 것만 같다. 당시에는 괴롭기만 했던 애인과의 한때가 그토록 눈물겹게 그리울 수가 없다. 그러면서 서서히 슬픔이 내려앉는다. '그래, 나는 혼자구나.' 이렇게 우울한 마음에 젖는 것도 꼭 나쁘다고만 할 수 없다. 오히려 정신 건강에 좋다고 봐야 할 것이다. 누군가를 잃었는데 당연히 우울해야 마땅하지 않은가!

사별과 그 슬픔에 대한 초석이 되는 연구를 했던 영국의 정신병리학자 존 볼비John Bowlby는 『상실』Loss이라는 그의 저서에서 "슬픔은 불행을 당할 때 느끼는 아주 정상적이고 건전한 반응이다"라고 말했다.[16] 이런 이별을 겪고도 우울증을 경험하지 않는다면, 훗날 더 심하게 우울증을 앓을 수 있다고도 지적했다. 따라서 이 단계에서는 눈이 퉁퉁 붓도록 울어서 마음의 고통을 발산하고, 해로운 생각들을 씻어내야 한다. 슬픔과 우울함에 대해서 한 가지 기억해야 할 중요한 사실은, 시간이 지나면 이런 감정들도 치유된다는 것이다. 이것을 통과하고 나면 마지막 단계에 들어선다.

수용

시인 로버트 프로스트Rober Frost에 따르면, 사랑의 뒷모습에 정중히 고개 숙여 인사하며 사랑의 계절이 지나고 말았음을 인정할 때, 수용의 단계에 오른다고 한다.

예기치 않은 이별에 깜짝 놀랐지만, 반사적으로 뒤따르는 분노를 해결하고, 과거를 되돌리려는 타협의 가능성도 포기하고, 마음의 상처를 고쳤으니, 이제 나머지는 순리대로 따르겠다는 수용의 자세를 갖게 되는 것이다. 애인에 대한 협박도, 두뇌 싸움도, 헛된 기대도, 아픔도 이제는 느끼지 않는다. 단지 있는 그대로를 받아들이는 마음이다.

"여자 친구와 헤어졌을 때 제 마음은 말 그대로 두 쪽으로 갈라지는 것 같았습니다. 너무 마음이 상해서 며칠 동안 아무것도 먹을 수가 없었고요. 그러다가 심각한 우울증에 빠졌지요." 최근에 만난 한 젊은이의 고백이다. "당시에는 누가 뭐래도 이별의 아픔을 극복할 수 없을 것 같았어요. 하지만 9개월이 지난 지금, 시간과 함께 아픔도 극복이 되더군요." 그녀와는 여전히 서먹하지만 이제 그녀와 한때 사귀었다는 사실에 감사하고, 그 사귐으로 '수만 가지'를 깨닫게 되었다며 덤덤하게 말한다. 수용의 경지에 이르렀다는 증거이다. 힘들지만 자신에 대한 사랑을 회복하고, 이별을 통해 배운 몇 가지 교훈에 웃음 지으며, 이제는 툭툭 털고 앞으로 걸어나갈 수 있을 때 바로 '수용'의 경지에 이르렀다고 말할 수 있다.

애인과 이별하고 이와 같은 과정들을 거친 적이 있다면, 이것이 얼마나 어렵고 복잡한 과정인지 알 것이다. 어떤 단계는 중복되기도 하고, 어떤 단계는 그냥 건너뛰기도 한다. 그

경로가 어떻든 간에 최종 목적지는 하나, 바로 수용의 경지이다. 그렇다면 수용의 경지에 이르면 전 애인과 '그냥 친구로 지내는 것'이 가능할까? 글쎄, 아니라고 생각한다.

남녀가 실연한 후 친구로 지낼 확률은 얼마나 될까? 때에 따라 다르겠지만, 일단 서로 합의해서 헤어진 경우는 친구로 남을 가능성이 크다고 할 수 있다. 그러나 양방이 합의하는 이별이란 "가뭄에 콩 나듯" 드물다. 한 연구에 따르면, 여자가 먼저 헤어지자고 하는 경우가 51%, 남자 쪽이 먼저 말하는 경우가 42%이다. 따라서 동시에(?) 헤어지자고 한 경우는 겨우 7%에 불과하다고 할 수 있다. 재미있는 사실은 남자가 먼저 헤어지자고 했을 때 '그냥 친구'로 남는 확률이 꽤 높지만, 여자가 먼저 말했을 때는 그 확률이 매우 희박하다고 한다.

이별에 대한 생각거리

01. 애인과 헤어지는 사람들을 보면서 무엇을 배울 수 있는가? 나라면 어떻게 행동할 것인가?

02. 별로 내키지 않는 관계(모든 인간관계에서)지만, 그 관계가 주는 안도감 때문에 관계를 깨기가 어려운 때는 언제였는가? 어떻게 하면 그 관계에서 벗어날 수 있는가?

03. 먼저 헤어지자고 할 때, 상대의 고통을 조금이라도 줄이기 위해 어떤 일을 하면 좋은가?

04. 애인에게 차인 경우, 자존심을 지키기 위해 개인적으로 어떤 일을 하겠는가?

05. 사랑하는 사람을 잃고 나서 겪는 5단계(사실 부정, 분노, 타협, 우울, 수용) 중 가장 중요한 단계는 무엇인가?

친밀한 관계 5

하나님

하나님이 자기를 사랑하는 자들을 위하여 예비하신 모든 것은
눈으로 보지 못하고 귀로 듣지 못하고 사람의 마음으로 생각하지도 못하였다.
– 고린도전서 2장 9절

내 영혼이 하나님,
곧 살아 계시는 하나님을 갈망하나니
내가 어느 때에 나아가서 하나님의 얼굴을 뵈올까.

- 시편 42편 2절

9장

하나님, 그분과의 진정한 만남

위대한 신학자 칼 바르트Karl Barth에게 한 기자가 당돌한 질문을 던진 적이 있다. "선생님은 하나님에 대해 많은 양의 저술을 남기셨는데, 그게 모두 진실임을 어떻게 아십니까?" 그는 이렇게 답했다고 한다. "우리 어머니가 그렇게 말씀하셨거든."

나(레스)는 그의 말이 무슨 뜻인지 그 누구보다도 잘 안다. 매우 종교적인 집, 다름 아닌 목사관에서 자란 나는 그야말로 엄마 젖을 문 상태에서 신앙을 물려받았다고 할 수 있다. 지금도 가끔 놀라운 것은 그때의 믿음이 지금까지 간직되고 있다는 점이다. 물론 언제나 그랬던 것은 아니지만.

어린 시절 신앙은 나의 선택 사항이 아니었다. 이후 사춘기에 들어선 뒤에도, 비록 나 자신에 대해서는 수만 가지 회의를 품었을망정, 하나님에 대해선 한 번도 의심한 적이 없었다. 그 질풍노도의 시기에 나는 하나님께 조금도 반항하지 않았고, 친구들이 뭐라 해도 내 신앙을 굳게 지켰다. 여름 성경학교 때 배운 성경 구절이 내게는 하나하나 의미 있게 다가왔고, 성경 말씀을 제때 잘 인용하면서 살았다. 따라서 나는 내 신앙이 어떤 일이 있어도 흔들리지 않으리라 믿었다. 적어도 대학에 들어가기 전까지는.

 대학에 진학하면서 나는 사물에 대해 회의하고 증명하는 법을 배웠다. 교수님은 내게 엘리자베스 시대 궁정시로부터 물리학의 기본 법칙까지 모든 것을 시험대에 올리고 비판하게 하셨다. 한 영역도 빠짐없이 '전제 조건'이라는 이름이 붙은 그 모든 것은 시험대에 올려졌다. 그러다 보니 부모님에게 저절로 물려받은 나의 신앙, 자동 응답기 같았던 교리 문답이 이 해부의 칼날에서 안전할 수 없었다. 내 인생에서 신앙의 방황기가 시작된 것이다. 지금도 그때의 기억이 생생하다.

 대학교 2학년 때, 학생 식당에서 점심 식사 기도를 하다가, 문득 내가 왜 그동안 자동반사적으로 식사 때마다 기도했는지 회의가 들었다. 순식간에 모든 것이 달라 보였고, 습관적인 기도 행위가 그저 형식적이고 의미 없는 껍데기처럼 느껴졌다. 한 번도 의심 없이 언제나 늘 해 왔던, 심지어 강박관념에 가까울 정도로 했던 일들이 행위에 불과하다는 생각이 들었다. 왜 기도해야 하는지 의심이 들었다. 진정으로 감사한 마음이 들어서일까, 아니면 감사하는 것처럼 보이기 위해서일까? 내가 하나님을 알고 있기 때문에 하는 걸까, 아니면 아는 것처럼 보이기 위해 하는 걸까? 갑자기 머릿속이 한없이 복잡해졌다. 의심의 망망대해로 첨벙 빠진 느낌이었다.

내가 어릴 적 배웠던 모든 종교 행위는 나의 신앙적 껍데기에 불과한 것 같았다. 기도 생활, 성수주일, 성경 읽기, 구제 활동, 성경 공부 모임, 선교 여행 등, 이 모든 것이 얼마나 헛되고 헛되게 느껴지던지! 이 각각의 종교 행위들은 마치 무거운 닻과도 같이 의심의 바다로 나를 한없이 침잠하게 했다.

그러나 내가 의심의 바다에 완전히 잠수하기 직전에, 나는 내 처절한 신앙적 회의에 대해 하나님께 솔직하게 절규했으며, 그 순간 가장 무거운 닻, 죄책감의 끈이 아직 내게 연결되어 있음을 깨달았다. 의심의 고통으로도 몸을 가누기 어려운 마당에 나는 죄책감이라는 엄청난 감정에까지 시달렸다. 다른 신앙인들에게는 한 치의 의심도 없이 받아들여지는 그런 평범한 진리가 도대체 왜 내게는 도저히 이해가 가지 않는지, 그 사실이 한없이 부끄러웠다. 그들에게는 너무도 당연한 신앙적 대답을 나는 도저히 그냥 받아들일 수가 없었고, 설상가상으로 내가 그러고 있다는 사실에 다시 한 번 죄책감을 느꼈다. 소위 물에 빠져 죽어가는 사람에게 생명선의 역할을 한다는 성경의 말씀들이 오히려 내게는 바닷속으로 끌어당기는 무거운 돌덩이로만 느껴졌다.

당시 내 신앙적 회의는 단순한 '불신'이나 저항이 아니었다. 나는 끝없는 의심, 즉 성경이 제시하는 해답 중에서 머리로 이해가 가지 않는 모든 것에 대해 끝없는 의구심에 시달렸다. 이런 의심의 늪에 속절없이 빠져들면서 나는 하나님께 절규했다. 그러는 동안 이전에는 자못 유창했던 나의 기도는 늘 한마디를 넘지 못했다. "왜요? 왜요? 왜요?" 이 한마디 질문만이 휘발유를 부은 들판에 불이 번지듯 내 마음속에 번져 갔다. "왜요? 왜요? 왜요?" 나의 기도는 하나님께 드리는 이 질문 하나로 점철되었다. 그렇게 시간이 흐르고 흘렀건만, 하나님 그분은 아무 말씀도 하지 않으셨다.

의심의 바다에서 얼마나 헤맸는지 지금은 정확히 기억나지 않는다. 아마 6개월이나 그 이상이었던 것 같다. 하지만 나는 그 외로운 절규 속에 한 가지 커다란 사실을 깨달았다. 내가 신앙적으로 새로운 탈출구를 찾는 데 큰 도움이 된 것, 내가 그토록 절규하며 찾고자 갈망한 것은 다른 무엇이 아닌 '하나님과의 만남' 그 자체라는 것이었다!

내 경험을 바탕으로 이 장에서는 우리 인간이 궁극적으로 갈망하는 관계, 즉 하나님을 찾고 만나는 것에 대해 다루어 본다. 어떻게 하면 창조주 하나님과 가식 없이 진정으로 만날 수 있을까? 신비에 싸인 신성한 존재, 그분과의 만남을 통해 우리는 자신에 대해 더 깊은 이해를 할 수 있을 것이다.

이 장은 "하나님과 어떻게 친구가 될 것인가"에 대한 것이 결코 아니다. 그런 식으로 신성한 하나님, 그분과의 관계를 왜곡하고 싶지는 않다. 이 장에서는 하나님은 과연 누구이시며, 우리는 왜 그토록 하나님과의 관계를 절실히 필요로 하는지 설명할 것이다. 될 수 있으면 신학적 용어나 상투적인 어휘는 피하도록 노력하면서, 유한 존재인 우리가 무한 존재인 하나님과 어떻게 의미 있고 진실한 관계, 즐거움으로 가득 찬 관계를 맺을 것인지 살펴보겠다. 먼저 가장 핵심적인 문제, "멀게만 느껴지는 하나님을 어떻게 발견할 것인가"에서부터 시작하자.

하나님, 그분은 어디에?

아우슈비츠 나치 수용소에서 살아남은 유대인 엘리 위젤Elie Wiesel의 증언이다. "우리 수용소에 랍비가 한 분 있었죠. 늘 우리와 함께 기도하고 탈무드를 줄줄 외우는 분이었어요.

하루는 제게 이렇게 말씀하시더군요. '이제 모든 게 끝이야. 하나님은 이제 우리와 함께하시지 않아.' 그러더니 아주 작은 목소리로 '물론 이런 말, 해서는 안 되는 것 알아. 그러나 나는 성자도, 현인도 아니야. 피와 살로 이루어진 평범한 사람에 불과하다고. 나도 눈이 있고 귀가 있어. 여기서 일어나는 끔찍한 일들을 모두 목격했는데 어떻게 하나님의 자비를 믿으란 말이야? 하나님이 도대체 어디에 계신다는 말이야? 도대체 내가 어떻게 하나님의 인자하심을 믿을 수 있겠어? 나 아닌 그 누군들 믿을 수 있겠어?'"[1]

굳이 나치 포로수용소가 아니더라도 이런 절규를 접하게 될 때가 많다. 고통의 분량은 각기 다르지만, 우리 가운데 하나님이 정말 있느냐며 절규해 보지 않은 사람은 아마 없을 것이다. 아우슈비츠를 겪은 사람과는 비교할 수 없겠지만, 나 역시 하나님의 존재에 대한 절규는 진실했다. "하나님은 어디에 계시는가?"

한참 신앙적으로 방황할 때, 한 목사님이 내게 이렇게 말씀하신 적이 있다. "도둑이 경찰을 찾지 않는 것과 마찬가지로 무신론자는 하나님을 찾지 않는다네. 별로 만나고 싶지 않기 때문이지." 그러나 나는 하나님을 간절히 만나고 싶었다. 나는 그분을 믿었고 그분을 향해 절규했다. 그렇지만 그분은 아무 대답도 하지 않으셨다. 갈수록 내 믿음의 불씨는 식어만 갔고, 급기야 신앙을 포기할 단계에 이르렀다.

바로 그때쯤 일이 벌어졌다. 그 장소를 찾아내라면 지금이라도 찾아낼 수 있다. 당시 나는 차를 타고 시카고 오헤어 공항으로 출장에서 돌아오시는 아버지를 마중 가고 있었다. 어릴 적, 아버지는 여행에서 돌아오실 때마다 내게 작은 선물들을 한 개씩 안겨 주셨다. 워싱턴 DC에서 오실 때는 소형 비행기 모형을, LA에서 오실 때는 미니어처 오렌지 상자를, 보스턴에서는 야구 모자를 사다 주셨다. 그래서 어릴 적에는 출장에서 돌아오시는 아버지를 만날 때마다 아버지의 가방에 들어 있을 선물 생각에 마음이 한껏 부풀었다. 이제 다 큰 마당에, 아버지의 선물을 기대하는 것은 아니었지만, 어쨌든 아버지를 모시러 가는 일은 기분 좋은 일이었다.

겨울바람이 휘날리고 황량하게 그루터기만 남은 농지 옆을 지나다가 나는 라디오를 켜고 싶은 욕망을 잠시 접고, 내가 그토록 의심해 오던 '그분'과 잠시 시간을 보내기로 했다. 이상하게 들릴 수 있겠지만, 신앙적 방황을 하던 그 시기에도 나는 하나님의 존재 자체나 교리에 대해서는 의심하지 않았다. 내가 의심했던 것은 성경, 하나님의 통치, 부활, 기적 등 논리적으로 이해되지 않는 것들이었다. 그러나 무엇보다도 가장 의심했던 대상은 바로 내 마음 자체였다. 내가 왜 자꾸 이런 것들을 의심하려 드는지 나도 나를 이해할 수 없었기 때문이다.

    당시 차 안에서 나는 그동안 하나님께 수백 번도 더 드렸던 의심과 회의에 찬 기도를 다시 한 번 드렸다. "왜 나의 마음은 이토록 공허합니까? 왜 이리 하나님은 멀게만 느껴집니까? 나는 의미 없이 같은 동작만 반복하는 로봇같이 느껴집니다. 내가 하는 일이 옳은지보다 제대로 하고 있는지에만 얽매인 듯 느껴집니다. 하나님, 왜 그렇게 침묵하고 계십니까?" 나는 절규하듯 기도했다.

    애틋한 추억과 부드러운 기도가 어우러지는 가운데 놀랍게도 나의 믿음이 내 안에서 다시 꿈틀대는 것이 느껴졌다! 55번 고속도로를 달릴 때였다. 무슨 기적의 사인이 앞에 나타난 것도 아니고, 갑자기 하늘의 계시가 보인 것도 아니었다. 그저 아버지를 만날 생각에 가슴 설레면서 "내 영혼, 내 영혼 편안해"라는 귀에 익은 찬양을 콧노래로 흥얼거렸을 뿐이었다.

    그러나 바로 그때 나는 내 영혼이 참으로 평안해지는 것을 느꼈다. 그동안 의심의 물결이 휘몰아쳐 올 때마다, 나의 신앙은 의심의 시커먼 바닷속으로 순식간에 침잠되었다. 그러나 똑같은 의심의 파도가 다시 몰아치는 순간 나는 하나님의 손을 붙잡고 있음을 느꼈다. 하나님의 강한 손이 캄캄한 의심의 바다에서 나를 끌어올렸다! 내가 손을 내밀었을 때, 그분은 단지 구명조끼와 구명줄을 던지러 오신 것이 아니라 직접 구조대원이 되어 내게 다가오셨다. 그토록 하나님의 대답을 직접 귀로 듣고 싶어 했건만, 그 순간 그분의 대답이 더는 필요가 없다는 것을 알게 되었다. 내가 원한 것은 바로 하나님과의 관계 그 자체였다! 마치 내가 고대한 것은 아버지의 선물이 아니라 아버지 자신이었던 것처럼, 내가 그토록 갈구한 것은 하나님의 대답이 아니라 그분과 함께 있는 것이었음을 비로소 깨달았다.

하나님의 침묵을 드디어 이해할 것 같았다. 그분이 침묵하시는 동안, 나는 설교 말씀마다 무조건 "아멘"으로 대답하는 것 이상의 신앙에 눈을 떴다. 공항으로 가는 차 안에서 하나님과 함께 시간을 보내는 동안, 나는 믿음이 단지 하나님을 믿는 것이 아니라 그분과 '함께 있는 것'임을 깨달았다.

의심은 내 유아기적 신앙을 산산조각냈다. 하지만 그로 인해 하나님께 오히려 감사한다. 나는 의심을 통해 아기 때 물려받은 믿음이 아니라 나 스스로 터득한 믿음을 얻게 되었다. "신앙고백보다 믿음을 더 강화하는 것은 정직한 의심이다"라고 한 테니슨Tennyson의 말이 무슨 뜻인지 비로소 이해할 수 있었다.

하나님과의 관계에서 우리는 조건 없는 믿음을 통해 조금도 의심 없이 살아가기를 기대한다. 오히려 의심하는 사람들을 보면 불쾌감을 나타내기까지 한다. 하지만 믿음은 의심을 통해 오히려 성숙해진다는 사실을 간과해서는 안 된다. 만약 중요한 질문을 그냥 묻어 두고 넘어간다면, 그 질문에 대한 심오하고 풍요로운 대답도 듣지 못하고 넘어갈 수 있다. 더 나아가 자신의 신앙에 대해 정직한 의심이 솟구칠 때, 이를 무시하고 자신의 회의를 억누른다면 오히려 하나님과의 관계에 가장 큰 치명타를 줄 수 있다. "강하게 억누른 의심은 재발 확률이 매우 높다. 갈아엎어 둔 의심은 새로운 의심의 싹을 틔운다"라고 존 포웰John Powell도 말하지 않았던가!

미심쩍은 점을 남기지 않고 하나님과 관계를 맺고 싶다면, 먼저 자신의 의심을 솔직히 인정하고 고백하자. 마음속의 회의를 솔직히 인정하고, 하나님께 질문을 던지자. 그렇게 함으로써 가식이 아닌 진실한 마음으로 하나님을 만나자.

하나님, 그분은 누구인가?

최근에 이런 일화를 들었다. 과학자들이 "하나님은 과연 존재하는가"라는 질문에 과학적이면서 정확한 해답을 줄 수 있는 컴퓨터를 만드는 일에 착수했다고 한다. 마침내 인류 최초로 가장 정교하고 복잡한 컴퓨터가 조립되었고, 과학자들이 조심스럽게 컴퓨터에 질문을 입력했다. "신은 있는가?" 몇 분 동안 컴퓨터가 웡웡 붕붕 소리를 내며 작동을 하더니 다음과 같은 대답이 튀어나왔다고 한다. "지금 여기에."

이들 과학자들과 마찬가지로, 우리가 알고 있는 신이란 우리 자신의 창조물인 경우가 많다. 근대 심리학의 아버지 지그문트 프로이트Sigmund Freud는 신은 아버지의 영상이 지속적으로 투영된 것에 불과하다고 주장했다.[2] 다시 말해 사람들은 자기에게 가장 적합한 신의 이미지를 스스로 만들어 낸다는 것이다. 어릴 적 아버지에게 먹을 것을 공급받고, 보호받고, 질문에 대한 해답을 얻었던 것처럼, 성인이 되어서도 원하는 것은 무엇이나 들어주는 아버지 같은 인물을 통해 위안과 안도감을 얻으려 한다는 것이다. 모든 종교의 기초는 이 아버지 이미지를 계속 투영한 결과라고 프로이트는 말하며, 이를 통해 하나님의 존재를 함축적으로 부인해 버렸다.

근대 사회학의 창시자 에밀 뒤르크하임Emile Durkheim 또한 신이란 한 사회의 집단적인 가치를 상징적으로 나타내는 것에 불과하다고 역설했다.[3] 다시 말해 우리가 지닌 신의 이미지는 우리가 속한 사회 구성원들이 최고로 지향하는 성품과 자질을 갖춘 형상이라는 것이다. 자본주의를 신봉하는 앵글로 색슨계 개신교인들에게 신의 이미지는 다름 아닌 앵글로 색슨 개신교인의 이미지이다. 아시아인이나 흑인에게 신의 이미지는 그들과 밀접한 특성이나 가치를 가지고 있다. 따라서 종교란 결과적으로 자기 자신을 신봉하는 것으로 귀결되는 과정이라는 것이 그의 지적이다.

독자들은 아마 하나님의 존재에 대해 이 학자들이 꽤 설득력 있는 논리를 펼쳤다고 생각할지도 모르겠다. 종교에 결정적인 치명타를 가했다고 말이다. 그러나 조금만 깊이 생각해 보면, 이들은 오히려 "하나님을 우상화하지 말라"는 성경의 경고가 왜 나왔는지 논리적으로 뒷받침해 준다.[4] 결국 프로이트는 하나님의 부재를 설명해 내지 못하지 않았는가! 신의 이미지 투영에 대한 그의 이론은 단순히 인간이 신을 어떻게 형상화하는지만을 설명했을 뿐이다. 마찬가지로 뒤르크하임도 하나님의 부재를 증명해 내지 못했다. 단지 신의 이미지가 한 사회의 이미지를 본떠 만들어진다는 점을 설명했을 뿐이다.

자, 그렇다면 우리는 이 석학들의 주장으로 무엇을 알 수 있는가? 프로이트와 뒤르크하임의 이론은 초자연적 존재인 영원한 하나님을 부정하기보다 오히려 하나님에 대한 우리의 잘못된 관념, 그 원천을 지적한다. 하나님에 대한 우리의 잘못된 관념에는 그 외에도 다음과 같은 것들이 있다.

심판자 하나님

어떤 사람들은 하나님을 경기의 심판관처럼 인식한다. 얼마나 훌륭한 경기를 펼쳤는지 점수를 기록해 두었다가, 온 하늘을 꽉 채우는 전광판에 점수를 게시하시는 하나님. 이들은 율법주의에 사로잡혀, 약간만 금을 밟아도 페널티를 받게 될까 봐 두려움에 벌벌 떤다. 심판관 하나님이 잠시 한눈을 파시는 동안, 벌칙을 어기거나 실수를 하기도 하지만 이내 죄책감에 압도되어, 하나님의 분노를 피하려고 정신이 하나도 없다. 그들이 참전하는 정의의 게임에서 심판관 하나님은 피도 눈물도 없으신 분이다. 따라서 이들은 최대한 고득점을 하고, 심판관의 호루라기 소리를 듣지 않도록 온 힘을 다한다.

자상한 할아버지 같은 하나님

어떤 사람들은 늘 어린애로 남고 싶은 마음(책임을 회피하고자)으로 하나님을 인정 많은 할아버지쯤으로 해석한다. 하나님이 할아버지니까 자신은 응석받이 손자! 하나님이 마치 "오냐. 너는 아무것도 염려할 것 없다. 내가 다 알아서 해 주마"라고 말씀하시는 것처럼 생각한다. 사실 모든 사람의 마음속에는 누군가 자기 대신 힘든 일을 도맡아 해 주고, 책임으로부터 자유롭게 해 줬으면 하는 바람이 있다. 중세 시대 한 스페인 수도사는 다음과 같은 글을 남겼다. "내가 죽으면 반드시 천국에 갈 것이다. 왜냐하면 나는 스스로 결정을 내려 본 적이 한 번도 없고, 언제나 위에서 하라는 대로만 했기 때문이다. 내가 잘못한 일이 있다면, 그것은 그들의 죄이지 나의 죄가 아니다." 인자한 할아버지 같은 하나님의 이미지는 편리하게 우리를 책임에서 면제시켜 준다.

과학자 하나님

일찍이 아인슈타인Einstein은 하나님을 "초월적인 논리적 존재" 또는 "초월적인 사고자"라고 불렀다. 마찬가지로 어떤 이들은 하나님을 멀찍이 물러앉아 사고하는 과학자처럼 우주 만물을 운행하시느라 몹시 바빠서 우리의 사소한 문제에는 관심을 못 기울이시는 분으로 느낀다. '출입 금지' 푯말만 덩그렇게 남긴 채 문을 닫아걸고 실험에나 열중하시는 하나님! 저 멀리 우주에서 지구라는 '조그맣고 파란 공'에서 쉴 새 없이 쳇바퀴 도는 인간을 감찰하시는 분으로 묘사한다. 그분에게 인간이란 창조주를 기쁘게 하는 우주과학 실험 장치에 불과하다.

구조대원 하나님

어떤 사람들은 하나님을 구명보트 정도로 생각한다. 선원들이 구명보트 위치를 평소에 잘 확인해 두긴 하지만 절대 그것을 쓸 일이 발생하지 않기를 바라는 심정과 같다. 이들은 평상시에는 하나님께 그다지 신경 쓰지 않고 살아가지만, 일단 무슨 일이 생기면 그분이 함께 계셔 주기를 기대한다. 이런 관념을 가지고 있으면, 모든 고통과 아픔에서 하나님이 우리를 안전하게 지켜 주어야 마땅하다고 생각한다. '내가 선하게 살아가면, 하나님이 나를 돌봐 주시고, 어떤 해도 받지 않도록 해 주실 거야'라는 생각이다. 자신은 착한 사람이므로 어떤 질병이나 부조리도 겪으면 안 된다고 생각하고, 만약 그러한 일이 자신에게 닥치면 하나님을 원망한다.

하나님에 대한 왜곡된 이미지에는 이 외에도 끝이 없다. 하나님은 산타클로스도 아니고, 경찰도 아니며, 동네북도 아니다. 심지어 부모도 아니다. 하나님은 그 이상이시다. 인간의 어떤 비유법으로도 하나님을 정확히 표현할 수 없다. 이런 이유로 프로이트나 뒤르크하임의 이론은 그들의 본래 의도와는 달리 오히려 하나님과의 정직하고 거리낌 없는 관계를 갈망하는 사람들에게 도움이 된다. 성경은 우리 인간이 하나님의 형상에 따라 지음 받았다고 가르치지만, 이들 사회과학자들은 하나님이 인간의 형상에 따라 창조되었다고 주장하기 때문이다. 그들 말처럼, 우리는 때로 우리의 형상에 따라 하나님을 만들어 낸다. 그래서 먼저 하나님에 대해 정확히 인식하고 그분에 대한 왜곡된 이미지를 바로잡지 않는 한, 우리는 하나님과 진정으로 만날 수 없다.

하나님의 속성에 대해서는 지난 수 세기 동안 수많은 철학자와 신학자가 수많은 저서를 통해 논했다. 따라서 이 책에서 간단히 몇 줄로 하나님의 속성을 논하는 것은 무리라고 생각한다. 하지만 독자들의 양해를 전제로, 성경에서 말하는 하나님의 중요한 속성 중에서 으뜸으로 '사랑'을 꼽고자 한다. 성경에서 가장 많이 인용되는 구절에서 이 사실을 확인할 수 있다. "하나님이 세상을 이처럼 사랑하사 독생자를 주셨으니."[5] 하나님은 우리를 사랑하실 뿐만 아니라, 그분 자신이 바로 사랑이시다.

카뮈Camus의 소설 『페스트』La Peste(민음사)를 보자. 파늘루 신부는 자신이 사는 도시에 페스트가 만연하게 된 것을 보고 하나님이 인간의 죄를 심판하신 결과이며, 하나님의 정의가 실현된 것이라고 설교한다. 하지만 얼마 후 죄도 없는 어린아이가 페스트에 걸려 고통스럽게 죽어 가는 모습을 본 후 자신도 시름시름 앓다 곧 죽는다. 그가 죽은 이유에 대해 혹자는 페스트 때문이 아니라 자신이 일평생 간직한 신념이 잘못되었음을 깨달은 탓이라고 말했다. 자기가 믿던 하나님께 실망했으니 어찌 더 살 수 있었으랴! 그가 믿었던 하나님은 사랑의 하나님이 아니었다!

사랑의 하나님을 부인하는 것은 그분과의 진실한 관계에 가장 큰 걸림돌이 된다. 사랑이란 하나님의 본질 그 자체이다. 성경을 보면 이것이 더 분명히 나타난다. "하나님은 사랑이시라 사랑 안에 거하는 자는 하나님 안에 거하고 하나님도 그의 안에 거하시느니라."[6]

하나님을 태양에 비유해 보도록 하자. 태양이 빛을 비추듯 하나님은 사랑을 비춰 주신다. 따뜻하고 밝게 빛을 비추는 것은 태양의 본질이다. 마찬가지로 하나님의 본질은 사랑이다. 해가 싫으면 어두운 방 안에 숨을 수는 있지만, 그렇다 해도 태양은 여전히 빛나는 것과 마찬가지이다. 하나님의 사랑도 이와 같다. 우리가 하나님의 사랑을 거부할지라도 우리를 향한 하나님의 사랑은 계속된다. 우리가 어떤 선택을 하든, 여전히 하나님은 우리를 사랑하신다. 하나님이 우리를 사랑하시기 때문에 우리는 그분과 사귐의 관계를 맺을 수 있다.

누가 하나님을 필요로 하는가?

『하나님의 도성』*The City of God*(크리스찬다이제스트사)에서 아우구스티누스Augustine는 모든 인간이 공통적으로 느끼는 점을 다음과 같이 표현했다. "오 주여, 주님께서는 자신을 위해 우리를 지으셨으므로, 우리가 주님 안에서 평안을 찾기까지는 마음 둘 곳이 없나이다." 우리 인간에게는 하나님과의 진실한 만남을 갖지 않는 한, 절대 채워지지 않는 공허함과 소외감이 있다. 모든 사람의 가슴 한가운데는 그 밑바닥을 알 수도 없고, 채우려야 채울 수 없는, 타는 듯한 갈급함과 가슴 저림이 있다. 우리는 이 갈급함을 인간관계로 해갈하려고 한다. 친구나 사랑하는 연인을 통해 우리 존재의 텅 빈 공간을 채우려고 하는 것이다. 하지만 아무리 대단해도 이 공허를 완전히 채울 수 있는 인간관계는 없다.

이 책의 1장에서 우리는 '자아 완성에 대한 열망'을 살펴보았고, 이러한 열망 때문에 사람들은 인간관계에 목숨을 건다고 지적한 바 있다. 더 나아가 인간적인 차원에서는 결코 이 갈망이 채워질 수 없음도 배웠다. 따지고 보면 아무리 사랑하고 의지하는 사람이라도 이 열망을 채워 주기를 기대하는 것은 너무나 무리한 요구이다. 때로 친구와 가슴 통하는 순간들을 경험하고 연인과 짜릿한 황홀감도 경험하지만, 그 순간이 가져다주는 '자아 완성의 느낌'은 그야말로 '느낌'일 뿐이다. 그리고 느낌이란 언제나 순간적이다. 대인관계를 통해 자아를 완성할 듯하지만 절대로 그 순간은 영원히 지속되지 않는다. 왜 그럴까? 결코 우리는 인간을 통해 온전해질 수 없기 때문이다. 그래서 우리는 하나님의 사랑이 필요하다. 자아 완성에 대한 우리의 갈급한 열망은 오직 하나님의 사랑으로만 채워질 수 있다! 순간이 아닌 영속적인 자아 완성은 하나님과의 진실한 만남으로만 얻을 수 있다. 모든 인간관계란 단지 이를 반영하는 그림자에 불과하다.

그뿐만 아니라 하나님과의 진정한 만남이 없는 상태에서는 아무리 대인관계를 통해 친밀감을 얻으려 노력해도, 텅 빈 마음으로 돌아올 수밖에 없다. 오직 하나님의 사랑만이 우리 가슴속 깊은 곳의 귀속 욕구를 궁극적으로 만족시켜 주며, 우리 삶의 의미에 빛을 비춰 준다.7 우리가 이기심을 초월해 남을 사랑할 수 있는 것도 하나님의 사랑 때문이다. 우리가 그토록 의지하는 사람(친구나 가족 등)이 나를 실망하게 하는 순간에도 나의 가장 깊숙한 요구를 만족하게 해 주는 하나님의 사랑이 있기 때문에 그 관계가 깨지지 않는다. 하나님의 사랑이 우리가 지속해서 만족스러운 인간관계를 꾸려 나갈 수 있도록 힘을 준다.

그렇다면 하나님의 사랑은 어떻게 우리의 귀속 욕구를 충족시켜 주는가? 어떻게 하나님의 사랑은 자기중심적 사고를 뛰어넘게 해 주는가? 이는 하나님이 누구인가에 대한 해답을 통해 찾을 수 있다. 기억하는가? 하나님은 바로 사랑이시다. "먼저 사랑을 경험하지 않은 자는 결코 사랑할 수 없다." 여기에 핵폭탄보다 더 강력한 인간관계 규칙이 담겨 있다.

어린 자녀를 둔 부모가 사랑하는 마음, 인정하는 마음, 염려하는 마음과 부드러운 마음으로 아이들의 몸을 씻겨 줘야 하는 이유가 바로 여기에 있다. 성장의 중요한 시기에 사랑을 충분히 경험한 아이일수록, 성인이 되어 성숙하고 건강하게 다른 사람을 사랑할 수 있다. 이것은 우주적인 교리이다. 이 때문에 인간은 천성적으로 하나님의 사랑이 필요한 것이다.

사랑이란 우리가 힘주어 생각해 내거나, 긍정적인 사고를 함으로써 만들어지는 게 아니다. 심지어 기도로 만들어지는 것도 아니다. 이미 사랑을 받은 사람이 이에 대해 반응하는 것이 바로 사랑이다. "우리가 사랑함은 그가 먼저 우리를 사랑하셨음이라"[8]고 성경도 기록하고 있지 않은가! 우리가 사랑해야 하기 때문에, 또는 사랑하도록 가르침을 받았기 때문에가 아니라 우리가 사랑을 받았으므로 사랑하게 된다는 의미이다. 하나님께 사랑받는 것이야말로 남을 사랑할 수 있는 참된 비법이다.

디트리히 본회퍼Dietrich Bonhoeffer는 『윤리학』Ethics(대한기독교서회)에서 다음과 같이 말했다. "'하나님은 사랑이시다'를 이해하려면 먼저 '사랑'보다 '하나님'을 이해해야 한다. 사랑이 무엇인지 깨달으면 자연스럽게 하나님을 알게 된다는 주장은 틀렸다. 사도 요한의 말처럼 '하나님을 아는 자만이 사랑을 안다.' 다시 말해 먼저 믿음을 통해 하나님을 알게 될 때 비로소 사랑의 의미를 이해할 수 있다."

자, 그렇다면 누가 하나님을 필요로 하는가? 우리 모두이다. 그리고 하나님을 통해 우리는 변해야 한다. 하나님의 사랑이 우리의 변화를 요구하기 때문이 아니라, 그 사랑이 자연스럽게 우리를 변화시키기 때문이다. 하나님과의 진실한 사랑을 통해 스스로 변화되지 않는 한, 우리는 인간관계를 통해 자신이 얻고자 하는 것을 결코 발견할 수 없다.

하나님, 어떻게 만날 것인가?

대부분의 사람은 '종교'를 통해 하나님을 만난다. 흥미로운 점은 성경은 한 번도 '종교'라는 단어를 언급한 적이 없다는 것이다. 성경에서 찾을 수 있는 가장 가까운 뜻의 단어는 '하나님에 대한 경외'fear이다. 하지만 경건한 신자들조차 이 단어를 오해하는 경우가 많다. '경외'라는 단어가 어떤 의미로 다가오는가? 하늘에 계시는 전지전능한 능력자 하나님께서 불을 내리듯 그분의 뜻을 지상에 내리시며, 불순종하는 자를 벌하시는 장면인가? 또는 우리의 생각이나 비밀을 낱낱이 알고 계시며, 잘못을 저지르는 순간 즉각 벌을 주시는 그런 하나님을 떠올리게 되는가? 만약 그렇다면, 당신은 지난 수 세기 동안 형벌에 대한 두려움을 품고 종교생활을 했던 수많은 사람과 그 대열을 같이하는 것이다. 고작 종교가 하나님의 명령에 순종하면 상을 받고, 불순종하면 벌을 받는 공식이 된 것이다.

이와 같은 관점을 가진 사람들은 하나님의 사랑을 잃을까 봐 늘 두려움에 떤다. 그들은 선행을 쌓느라 늘 바쁘다. '이렇게 착한 일을 많이 하면 내가 얼마나 선하고 헌신적인 사람인지 하나님도 아시고, 나를 사랑해 주실 거야'라고 생각한다. 최근 상담한 한 남자는 TV 광고에서 아름다운 모델을 볼 때마다 정욕을 품게 되고 이 때문에 죄책감에 시달린다고 고백했다. 또 다른 사람은 남에게 칭찬을 들을 때마다 교만해지는 것 같아 죄책감이 든다고 했다. 지나치게 엄격한 자신의 잣대와 왜곡된 종교관 때문에 하나님을 두려워하는 사람은 잘못된 인식을 지녔다고 볼 수 있다.

물론 하나님을 경외하는 것은 성경에서 거듭 언급했듯이 지혜의 근본이며 경건한 삶의 바탕이 된다. 하지만 '하나님에 대한 경외'는 그분을 두려워하고 꺼리는 것을 의미하지 않는다. 경외라는 단어는 두려움의 의미가 아니라 '놀라움과 존경'을 의미한다. 두려움이라는 단어는 부정적인 감정을 불러일으키고, 우리를 움츠러들게 한다. 두려움은 그 대상으로부터 우리를 도망치게 한다. 분노와 원망의 마음을 갖게 한다. 반면에 놀라움과 존경은 우리 자신보다 훨씬 강력한 그 무엇 앞에서 압도되는 느낌을 말한다. 따라서 경외란 긍정적이고 팽창적인 느낌을 준다. 두려움을 느낄 때 우리는 도망가고 싶지만, 경외감을 느낄 때는 가까이 다가가 보고 싶은 생각이 든다. 두려움을 느낄 때는 자신의 못남과 부족함에 원통해하지만 경외감을 느낄 때는 놀라움으로 그 근처를 배회한다.

다시 말해서 맹목적인 순종, 모든 의심의 억압, 죄책감이나 두려움을 품고서는 하나님을 진정으로 만날 수 없다. 하나님이 비굴한 자세에 감동하실 것 같은가? 오히려 하나님과의 진실한 만남이 이루어지려면, 가장 자기다운 모습(하나님의 형상을 따라 만들어진)을 희석, 왜곡, 타협시키는 방해물을 없애고, 있는 그대로 하나님께 나아가야 한다. 진정한 자기 모습, 솔직한 자기 모습이 될 때 하나님과 진정한 만남이 이루어질 수 있다. 따라서 어떤 형태든 의식의 가면을 벗어 던지고, 화난 모습, 우울한 모습, 또 그 외에 하나님 앞에 서기 '부적절'하다고 느끼는 모습을 모두 그대로 안고 하나님 앞에 나아가야 한다. 제아무리 자기 모습이 싫더라도 자신을 있는 그대로 인정하면 인정할수록, 하나님과의 관계는 더 깊이 발전해 나갈 수 있다.

진정한 자신의 모습이 되어 하나님께 나아갈 때, 우리는 어떤 관계든 맺을 준비가 되었다고 할 수 있다. 여전히 하나님은 눈에 보이지 않고, 신비에 휩싸여 있을 뿐이라고 의문을 제기할 독자들도 있을 것이다. 물론 사실이다. 하지만 하나님은 예수 그리스도를 통해 우리에게 살과 피로 이루어진 만남을 제시하셨다. 2,000년 전에, '하나님의 아들'[9]이 베들레헴에서 아기로 태어나셨고, 인간으로서의 삶을 몸소 사셨다. 예수님을 통해 하나님은 인간의 형태를 빌려 우리와 함께 사셨으며, 그것도 경호원이 딸린 유명인사나 특별대우를 받는 왕족이 아닌 그저 평범한 인간으로 동정녀 마리아에게 태어나셨다. 육체를 입은 예수 그리스도는 우리와 똑같이 모든 감정의 기복을 겪으셨다. 어린이들과 함께 기뻐하시고, 병자들과 함께 마음 아파하셨으며, 제자들과 함께 동고동락하시고, 율법주의자들에게 분노하셨으며, 애통해하는 자와 함께 슬퍼하셨다. 겟세마네 동산에서의 외로움과 십자가에서의 고뇌를 모두 경험하셨다. 예수 그리스도는 인간의 육체를 입은 하나님이셨다. 따라서 '보이지 않는 하나님'과 어떻게 진실한 관계를 맺을지 의아하다면, 예수 그리스도와 만나는 것이 해답이다. 그분은 성경 속의 케케묵은 인물이 아니라 진정으로 현명하고, 창의적이며, 도전적이고, 두려움을 모르며, 애정 어리고, 예측하기 어렵고, 궁극적으로 사랑이 가득하신 분이다. 따라서 예수님은 우리의 믿음을 더 확장시키시고, 더 가까이 하나님께 나아가게 해 주신다.

그러나 예수님과의 만남에서 미리 경고해 둘 것이 있다. 예수님을 만나는 자는 결코 원래의 모습으로 남을 수 없다. 『내가 알지 못했던 예수』The Jesus I Never Knew(IVP)라는 놀라운 저서로 저명한 저널리스트 필립 얀시Philip Yancey는 예수 그리스도의 생애를 모든 각도에서(베들레헴 마구간에서부터 예루살렘의 십자가에 이르기까지) 조명해 보았다. 이로써 그가 발견한 예수는 '완전히 우리 삶을 탈바꿈시키는 분'이었다!

이렇게 예수님을 통한 급진적인 변화는 우리 각자가 예수님을 개인적으로 만나게 될 때만 가능하다. 이 변화는 예상치 못한 순간에 느닷없이 일어나는 변화가 아니다. 사도 바울같이 느닷없이 땅에 떨어짐으로써 예수님을 만나게 되는 사람은 별로 없다. 우리 대부분은 예수 그리스도에 대해 이해하려고 결심하고 노력함으로써 그분을 만난다. 그분이 누구인지 발견하기 위해 일정한 시간을 떼어 놓고, 그분을 만나려고 노력할 때 진정한 만남의 첫걸음을 디딜 수 있다.

내게는 마크라는 친구가 있는데, 그는 1년에 한 번씩 하나님과 특별한 시간을 보내려고 애리조나 사막으로 여행을 간다. 몹시 바쁜 변호사 생활을 하면서도 1년에 일주일은 완전히 수도원으로 들어가 수도자들과 똑같이 생활한다. 매일 아침 식사 이전에는 일정량의 일을 마쳐야 하고, 정오에는 간단한 예배가 있다. 그다음 영적 스승과 대화를 깊이 있게 나눈다. 밤에는 적막 속에 둘러싸여 독서도 하고, 사색에 잠기기도 하며, 하나님께 글도 쓰고 기도도 드린다. 왜 이런 일을 해마다 하는지 물었더니 그는 이를 통해 자신의 영적 배터리가 충전되고, 예수 그리스도께 더 가까워진다고 밝혔다. 그리고 이렇게 집중적으로 영적 재충전을 하는 시간이 아무리 소중할지라도 매일매일 작고 사소하게 하나님과 끊임없이 만나는 것에는 비교할 수 없다고 토를 단다. 참으로 옳은 지적이다. 친구와 '정식으로 진지하게 얘기'할 시간을 미루고 미루다가 결국 사소한 대화조차 할 기회를 잃는 법이니까!

모든 관계에는 의식적인 노력이 뒤따라야 한다. 하나님과의 관계에서도 마찬가지로, 아무리 바쁜 일상의 한가운데 있다고 할지라도 마음과 생각을 그분께 돌리도록 노력해야 한다. 다시 말해 의식적으로 하나님을 내 삶의 일부로(단지 부활절이나 크리스마스, 주일이 아니라) 받아들이지 않으면 안 된다.

『백 년 동안의 고독』One Hundred Years of Solitude(문학사상)에서 콜롬비아 작가 가브리엘 가르시아 마르케스Gabriel Garcia Marquez는 아주 흥미로운 이야기를 들려준다. 한 마을 전체가 기억상실증과 유사한 건망증 전염병에 걸려 버렸다. 이 병에 걸린 사람들은 심지어 일상적인 물건 이름까지 깡그리 잊어버린다. 전염이 아직 덜 된 한 젊은이가 궁여지책으로 물건마다 이름표를 붙여 놓기 시작한다. '이것은 테이블이다', '이것은 창문이다', '젖소: 이것은 매일 우유를 짜야 한다' 등등. 그리고 이 마을로 들어오는 입구 대로에는 큰 간판을 2개 세웠다. 하나는 '이 마을의 이름은 마콘다'였고, 다른 더 큰 간판은 '하나님은 살아 계신다'였다.

인생을 살면서 우리는 때로 많은 것을 망각하면서 산다. 심지어 이 책을 읽는 사람 중에는 앞에서 다루었던 가족의 영향, 이성 간의 차이점, 우정, 연인에 대한 기본 규칙들을 이미 잊어버린 사람들이 있을 것이다. 괜찮다. 우리는 많은 것을 잊어버리지만, 그로 인한 피해는 그다지 심각하지 않다. 하지만 우리가 누구에게 속했는지를 잊어버리면 그 피해는 자못 심각하다. 특히 인간관계에 심각한 치명타를 입힌다. 다시 말하자면, 우리 내면의 가장 깊숙한 곳에서 끓어오르는 갈망은 하나님 외에는 채울 수 없다. 이 사실을 망각하고 그 빈 공간을 인간관계만으로 채우다 보면 상처밖에 남지 않는다. 하나님을 알지 못할 때 우리의 영혼은 이기심에 삼킴을 당하게 되고, 이기심으로 가득한 자아는 이 공허한 세상에 외롭게 남을 수밖에 없다. 하지만 내면의 공허를 하나님으로 채우는 가운데 인간관계에 임한다면, 우리의 풍성한 영혼을 통해 온전하고, 거룩하고, 선하고 아름다운 인생이 펼쳐질 것이다.

하나님께 드리는 질문

01. 하나님과의 진정한 만남 속에는 의심이란 조금도 자리 잡을 수 없는 건가요? 하나님은 우리 각자가 나름대로 믿음의 길을 찾을 수 있도록 도우시는 겁니까?

02. 혹시 제가 하나님의 성품에 대해 잘못 인식하는 부분이 있습니까?

03. 하나님이 왜 필요하냐고 묻는 사람들이 있는데, 어떻게 대답하면 좋을까요?

04. 하나님만이 제 궁극적인 공허를 온전하게 채우는 분이신가요? 다른 것은 정말 안 되는 건가요?

05. 하나님과 진정한 관계를 맺기 위해서는 자기 본래의 모습으로 돌아와야 한다고 하는데, 제 본래의 모습은 도대체 무엇인가요?

주

주(註)

서문: 인간은 결코 섬이 아니기에

1. David G. Myers, *The Pursuit of Happiness* (New York: Avon Books, 1992).

2. Tori DeAngelis, "A Nation of Hermits: The Loss of Community", *The American Psychological Association Monitor* (September 1995): 45-46.

3. Chip Walker and Elissa Moses, "The Age of Self-Navigation", *American Demographics* (September 1996): 38.

4. Bridget Murray, "College Youth Haunted by Increased Pressures", *The American Psychological Association Monitor* (April 1996): 47.

5. Ashley Montegue, "A Scientist Looks at Love", *Phi Delta Kappa* 11, no. 9 (May 1970): 463-67.

6. David W. Smith, *Men Without Friends* (Nashville: Nelson, 1990), 46-47.

7. Jerry Seinfeld, *SeinLanguage* (New York: Bantam, 1995).

1장 참을 수 없는 존재의 외로움

1. C. Barry, S. Madsen, L. J. Nelson, J. S. Carroll and S. Badger, "Friendship and Romantic Relationship Qualities in Emerging Adulthood: Differential Associations with Identity Development and Achieved Adulthood Criteria", *Journal of Adult Development* 16, no. 4 (2009): 209-22.

2. M. Selfhout, J. Denissen, S. Branje and W. Meeus, "In the Eye of

the Beholder: Perceived, Actual, and Peer-Rated Similarity in Personality, Communication, and Friendship Intensity during the Acquaintanceship Process", *Journal of Personality and Social Psychology* 96, no. 6 (2009): 1152-65.

3. George Herbert Mead, *Mind, Self, and Society* (Chicago: University of Chicago Press, 1934), 164.

4. Ingri D'Aulaire and Edgar Parin D'Aulaire, *D'Aulaire's Book of Greek Myths* (New York: Doubleday & Co., 1962), 74-75.

5. Dov P. Elkins, *Glad to Be Me* (New York: Prentice-Hall, 1976), 28-29.

6. Aaron Stern, *Me: The Narcissistic American* (New York: Ballantine, 1979), 28. The study is also summarized in Daniel Goldman's *Emotional Intelligence* (New York: Bantam, 1995).

7. Uichi Shoda, Walter Mischel, and Philip K. Peake, "Predicting Adolescent Cognitive and Self-regulatory Competencies From Preschool Delay of Gratification", *Developmental Psychology* 26, no. 6 (1990): 978-86.

8. M. Scott Peck, *The Road Less Traveled* (New York: Simon and Schuster, 1978), 8 (『아직도 가야 할 길』, 율리시즈).

9. Larry Crabb, *The Marriage Builder* (Grand Rapids: Zondervan, 1992) (『결혼 건축가』, 두란노).

10. 시편 73:26.

11. 요한일서 4:12.

2장 가정, 그 길고 끈질긴 그림자

1. A. Alesina and P. Giuliano, "The power of the family", *Journal of*

Economic Growth 15, no. 2 (2010): 93-125.

2. Theodor Lidz, *The Person* (New York: Basic Books, 1983).

3. T. Berry Brazelton, *Heart Start: The Emotional Foundations of School Readiness* (Arlington: National Center for Clinical Infant Programs, 1992).

4. Albert Bandura, *Social Foundations of Thought and Action: A Social-Cognitive Theory* (Englewood Cliffs: Prentice-Hall, 1986).

3장 남성과 여성, 그 벽을 넘어서

1. E. Maccoby and C. N. Jacklin, "Gender Segregation in Childhood", in H. Reese ed., *Advances in Child Development and Behavior* (New York: Academic Press, 1987).

2. J. Gottman, "Same and Cross-sex Friendship in Young Children", in J. Gottman and J. Parker eds., *Conversation of Friends* (New York: Cambridge University Press, 1986).

3. Emily T. Amanatullah and Michael W. Morris, "Negotiating gender roles: Gender differences in assertive negotiating are mediated by women's fear of backlash and attenuated when negotiating on behalf of others", *Journal of Personality and Social Psychology* 98, no. 2 (2010): 256-67.

4. Robert Bly, Gloria Bird and Michael Sporakowski, *Taking Sides: Clashing Views on Controversial Issues in Family and Personal Relationships* (3rd ed.) (Guilford: William C. Brown Publishers, 1996)에서 인용.

5. L. R. Brody and J. A. Hall, "Gender and Emotion", in Michael Lews and Jeannette Haviland eds., *Handbook of Emotions* (New York: Guilford Press, 1993).

6. Deborah Tannen, *You Just Don't Understand* (New York: Ballantine, 1991).

7. Carol Gilligan, *In a Different Voice: Psychological Theory and Women's Development* (Cambridge: Harvard University Press, 1982).

8. 앞의 책.

9. L. A. Sapadin, "Friendship and Gender: Perspectives of Professional Men and Women", *Journal of Social and Personal Relationships* 5 (1988): 387-403.

10. Katherine A. Peterson, "Bosom Buddies: Factors Associated with Experiences of Passionate Friendship Among Men and Women", *All Graduate Theses and Dissertations*. Paper 770 (2010), http://digitalcommons.usu.edu/etd/770

11. W. K. Rawlins, "Cross-sex Friendship and Communicative Management of Sex-role Expectations", *Communication Quarterly* 30 (1982): 343-52.

4장 목숨도 아깝지 않은 친구

1. "Friends Survey", *Self* (June 1995): 108.

2. 창세기 2:18.

3. Tori DeAngelis, "A Nation of Hermits: The Loss of Community", *The American Psychological Association Monitor* (September 1995): 45-46.

4. Debra Umberson, Robert Crosnoe, and Corinne Reczek, "Social Relationships and Health Behavior Across the Life Course", *Annual Review of Sociology* 36 (2010): 139-57.

5. S. W. Duck, *Understanding Relationships* (New York: Guildford, 1991).

6. Aristotle, *The Ethics of Aristotle: The Nichomachean Ethics*, rev. ed., trans. J. A. K. Thomson (Harmondsworth, England: Penguin Books, 1976) (『니코마코스 윤리학』, 서광사).

7. 사무엘상 18:3.

8. K. E. Davis and M. J. Todd, "Assessing Friendship: Prototypes, Paradigm Cases, and Relationship Description", in S. W. Duck and D. Perlman eds., *Understanding Personal Relationships* (London: Sage, 1985), 17-38.

9. C. R. Rogers, G. T. Gendlin, D. V. Kiesler, and C. B. Traus, *The Therapeutic Relationship and Its Impact* (Madison: University of Wisconsin Press, 1967).

10. F. Dickson-Harkman, "Self-disclosure with Friends Across the Lifecycle", *Journal of Social and Personal Relationships* 3 (1986): 259-64.

11. C. S. Lewis, *The Four Loves* (New York: Harcourt Brace Jovanovich, 1960) (『네 가지 사랑』, 홍성사).

12. Marcus Tullius Cicero, *De Amicitia* (New York: Century Company, 1898).

13. Robin Dunbar, "You've got to have (150) friends", *New York Times* (December 25, 2010).

5장 금이 가 버린 우정, 그 이후

1. W. W. Hartup, "Conflict and Friendship Relations", in C. U. Shantz and W. W. Hartup eds., *Conflict in Child and Adolescent Development* (Cambridge, England: Cambridge University Press, 1993), 186-215.

2. M. J. Cambron, L. K. Acitelli, and L. Steinberg, "When Friends Make You Blue: The Role of Friendship Contingent Self-Esteem in

Predicting Self-Esteem and Depressive Symptoms", *Personality and Social Psychology Bulletin* 36, no. 3 (2009): 384-97.

3. S. W. Duck and J. T. Wood, "For Better, for Worse, for Richer, for Poorer: The Rough and the Smooth of Relationships", in S. W. Duck and J. T. Wood eds., *Confronting Relationship Challenges* (Thousand Oaks: Sage, 1995): 1-21.

4. 로마서 12:17-18.

6장 제정신 차리고 사랑에 빠지기

1. Marilyn French, *The Women's Room* (New York: HarperCollins, 1977), 10.

2. M. Attridge, E. Berscheid, and J. A. Simpson, "Predicting Relationship Stability from Both Partners Versus One", *Journal of Personality and Social Psychology* 69 (1995): 254-68.

3. J. Quittner, "Boy Meets Badge", *Time* (October 28, 1996): 87.

4. E. Walster, V. Aronson, D. Abrahams, and L. Rottmann, "Importance of Physical Attractiveness in Dating Behavior", *Journal of Personality and Social Psychology* 4 (1966): 508-16.

5. J. A. Simpson and S. W. Gangestad, "Socio-sexuality and Romantic Partner Choice", *Journal of Personality* 60 (1992): 31-51.

6. R. J. Sternberg, *The Triangle of Love: Intimacy, Passion, Commitment* (New York: Basic Books, 1988).

7. 아모스 3:3.

8. Z. Rubin, L. A. Peplau, and C. Hill, "Loving and Leaving: Sex Differences in Romantic Attachments", *Sex Roles* 7 (1981): 821-35.

9. J. K. Antill, "Sex Role Complementarity Versus Similarity in Married Couples", *Journal of Personality and Social Psychology* 45 (1983): 145-55.

10. Ellen McCarthy, "Marriage-Minded Do Better Online Than at Bars, Survey Claims", *The Washington Post* (April 25, 2010), www.washingtonpost.com/wp-dyn/content/article/2010/04/23/AR2010042300014.html, accessed August 12, 2010.

11. Mary-Anne Toy, "One in Four Adults Finds Mate Online", *Sydney Morning Herald* (April 17, 2010), www.smh.com.au/technology/technology-news/one-in-four-adults-finds-mate-online-20100416-skjk.html, accessed August 13, 2010.

12. "Marriage-minded do better online than at bars, survey claims", *The Washington Post* (April 25, 2010), www.washingtonpost.com/wp-dyn/content/article/2010/04/23/AR2010042300014.html.

13. M. J. Penn, *Microtrends: The Small Forces Behind Tomorrow's Big Changes* (New York: Twelve Publishers, 2007).

14. R. W. Firesone and J. Catlett, *Fear of Intimacy* (Washington DC: American Psychological Association, 2000), 28.

7장 섹스, 거짓말, 그리고 대탈출

1. "Sins of the Fathers", U.S. *News and World Report* (August 14, 1995): 51-52.

2. Jill Smolowe, "Sex with a Scorecard", *Time* (April 5, 1993): 41에서 인용.

3. J. P. Shapiro, "Teenage Sex: Just Say 'Wait'", *U.S. News and World Report* (July 26, 1993): 56.

4. 왜 성적으로 충동적이고 자유분방한 사람들이 관계를 유지하는 데 더

어려움을 겪는 것처럼 보일까? 생각해 보라. 할리우드의 두 스타가 결혼한다고 하면 대부분의 사람은 그게 얼마나 갈까 생각하기 마련이다. 왜? 육체적인 매력이나 섹스에만 기대어 인간관계를 맺을 수 없기 때문이다.

5. Lewis Smedes, *Sex for Christians* (Grand Rapids: Eerdmans, 1976), 130.

6. 이 조사는 가족연구협의회의 의뢰로 시작되어 전국 1,100명에게 무작위 전화조사를 통해 자료를 수집했다. 독립 베데스다 회사(an independent Bethesda firm)가 이 조사를 진행했고 American University의 한 심리학자가 분석했다. Reported by William R. Mattox, Jr., in "The Hottest Valentines", *The Washington Post* (1994).

7. R. T. Michael, J. H. Gagnon, and E. O. Lauman, *Sex in America: A Definitive Survey* (Boston: Little, Brown & Co., 1994), 124.

8. 앞의 책, 125.

9. L. H. Bukstel, G. D. Roeder, P. R. Kilmann, J. Laughlin, and W. Sotile, "Projected Extramarital Sexual Involvement in Unmarried College Students", *Journal of Marriage and the Family* 40 (1978): 337-40.

10. William R. Mattox, Jr., "The Hottest Valentines", *The Washington Post* (1994)에서 인용.

11. J. E. Stets, "The Link Between Past and Present Intimate Relationships", *Journal of Family Issues* 114 (1993): 251.

12. M. D. Newcomb and P. M. Bentler, "Assessment of Personality and Demographic Aspects of Cohabitation and Marital Success", *Journal of Personality Assessment* 44 (1980): 21.

13. W. Axinn and A. Thorton, "The Relationship Between Cohabitation and Divorce: Selectivity or Casual Influence?", *Demography* 29 (1992): 358.

14. R. M. Cate, E. Long, J. J. Angera, and K. K. Draper, "Sexual Intercourse and Relationship Development", *Family Relations* 42 (1993): 158-64.

15. 고린도전서 6:9, 7:1-2, 데살로니가전서 4:3-7, 히브리서 13:4, 마태복음 15:18-20, 에베소서 5:3을 보라.

16. Mark Moring, "Why I'm a Virgin", *Campus Life* (May/June 1994): 19에서 인용.

17. 오늘날 사분의 삼의 남학생과 이분의 일의 여학생이 고등학교를 졸업하기 전에 성관계를 갖는다. "Virgin Cool", *Newsweek* (October 17, 1994): 61.

8장 자신을 망가뜨리지 않고 이별하기

1. L. Baxter, "Gender Differences in the Heterosexual Relationship Rules Embedded in Breakup Accounts", *Journal of Social and Personal Relationships* 3 (1986): 289-306.

2. Etienne P. LeBel and Lorne Campbell, "Implicit partner affect, relationship satisfaction, and the prediction of romantic breakup", *Journal of Experimental Social Psychology* 45, no. 6 (2009): 1291-94.

3. R. F. Baumeister, S. R. Wotman, and A. M. Stillwell, "Unrequited Love: On Heartbreak, Anger, Guilt, Scriptlessness, and Humiliation", *Journal of Personality and Social Psychology* 64 (1993): 377-87.

4. 앞의 책, 377-87.

5. E. B. Slotter, W. L. Gardner, and E. J. Finkel, "Who Am I Without You? The Influence of Romantic Breakup on the Self-Concept", *Personality and Social Psychology Bulletin* (2010): 147-60.

6. P. A. Boelen and A. Reijntjes, "Negative cognitions in emotional

problems following romantic relationship break-ups", *Stress & Health* 25 (2009): 11-19.

7. P. Shaver, C. Hazan, and D. Bradshaw, "Love as Attachment: The Integration of Three Behavioral Systems", in R. J. Sternberg and M. L. Barnes eds., *The Psychology of Love* (New Haven: Yale University Press, 1988), 68-99.

8. P. Kramer, "Should You Leave?" *Psychology Today* (September 1997): 38-45.

9. W. Berman, "The Role of Attachment in the Post-Divorce Experience", *Journal of Personality and Social Psychology* 54 (1988): 496-503.

10. C. Riessman, *Divorce Talk: Women and Men Make Sense of Personal Relationships* (New Brunswick: Rutgers University Press, 1980).

11. C. T. Hill, Z. Rubin, and L. A. Peplau, "Breakups Before Marriage: The End of 103 Affairs", *Journal of Social Issues* 32 (1976): 147-68.

12. S. S. Brehm, *Intimate Relationships* (2nd ed.) (New York: McGraw-Hill, 1992).

13. G. B. Spanier and L. Thompson, *Parting: The Aftermath of Separation and Divorce* (Beverly Hills: Sage, 1984). 조사 결과, 남자는 여자보다 쉽게 사랑에 빠지고, 여자는 남자보다 쉽게 사랑을 끝내는 경향이 있는 것으로 나타났다. 전문가들은 여자가 이별에서 주도적인 데 대해 2가지로 설명한다. 첫째, 여자가 남자보다 데이트하는 데 심사숙고하고, 둘째, 여자가 남자보다 상호관계의 질적 변화에 더 민감하다. 따라서 사랑에 있어서 여자의 기준이 남자보다 높다. 예를 들어, 여자는 관계에서 동질감이나 자기표현이 부족한 것을 남자가 느끼지 못할 때도 느낄 수 있다. 그 결과 여자는 그들의 관계를 더 세심하게 평가하고 재평가할 수 있다.

14. A. Holtzworth-Munroe and N. S. Jacobson, "Causal Attributions

of Married Couples: When Do They Search for Causes? What Do They Conclude When They Do?", *Journal of Personality and Social Pshchology* 48 (1985): 1398-412.

15. E. Kübler-Ross, *On Death and Dying* (New York: Macmillan, 1969). E. Kübler-Ross, "The Dying Patient's Point of View", in O. G. Brim Jr., H. E. Freemans, S. Levine, and N. A. Scotch eds., *The Dying Patient* (New York: Russell Sage Foundation, 1970).

16. J. Bowlby, *Attachment and Loss*, Volume 3, *Loss* (New York: Basic Books, 1980).

9장 하나님, 그분과의 진정한 만남

1. E. Wiesel, *Night* (New York: Bantam, 1960), 71-72.

2. S. Freud, *Totem and Taboo* (New York: Norton, 1950). Sigmund Freud, *The Future of an Illusion* (New York: Norton, 1961)을 보라.

3. E. Durkheim, *The Elementary Forms of the Religious Life*, trans. Joseph Ward Swain (New York: Free Press, 1965).

4. 로마서 1:21-25을 보라.

5. 요한복음 3:16.

6. 요한일서 4:16.

7. T. Toburen and B. P. Meier, "Priming God-Related Concepts Increases Anxiety and Task Persistence", *Journal of Social and Clinical Psychology* 29, no. 2 (2010): 127-43.

8. 요한일서 4:19.

9. 마가복음 1:1, 마태복음 3:17, 누가복음 3:22.

Real Relationships

Real Relationships

Real Relationships